Produktmanagement: Doreen Wolff
Übersetzung aus dem Französischen: Sibylle Segovia
Textredaktion: Carmen Söntgerath
Korrektur: Susanne Langer
Satz: Carmen Söntgerath
Umschlaggestaltung: Caroline Daphne Georgiadis, Daphne Design

Gesamtherstellung Verlagshaus GeraNova Bruckmann GmbH

* * * * *

Sind Sie mit diesem Titel zufrieden? Dann würden wir uns über Ihre Weiterempfeh-
lung freuen. Erzählen Sie es im Freundeskreis, berichten Sie Ihrem Buchhändler,
oder bewerten Sie bei Onlinekauf. Und wenn Sie Kritik, Korrekturen, Aktualisierun-
gen haben, freuen wir uns über Ihre Nachricht an:
Christian Verlag, Postfach 40 02 09, D-80702 München
oder per E-Mail an lektorat@verlagshaus.de.

Unser komplettes Programm finden Sie unter  www.christian-verlag.de

ISBN 978-3-86244-755-8

WORKSHOP

CHRISTOPHE FELDER
PATISSERIE

MEISTERHAFTE TÖRTCHEN SCHRITT FÜR SCHRITT

FOTOGRAFIE JEAN-CLAUDE AMIEL

CHRISTIAN

Zu den Aufgaben des Patissiers gehört unter anderem die Herstellung von Torten und Törtchen. Sie bestehen üblicherweise aus einem Biskuitboden mit Cremefüllung. Und während eine Torte in der Regel mindestens vier Portionen ergibt, ist ein Törtchen immer ein Dessert für eine Person.

Das französische Wort für diese Süßspeisen ist *entremets,* wörtlich heißt das so viel wie »zwischen den Gängen« – ein Hinweis darauf, dass sich das Dessert seinen Platz als letzter Gang eines Menüs erst erobern musste. Im Mittelalter wurden Süßspeisen zwischen den anderen Gerichten serviert.

Um *entremets* in ihrer kleinsten Form, also Törtchen, soll es in diesem Buch gehen. Ich habe die klassischen Rezepte modernisiert, mitunter auch »verbessert«. Was alle eint, ist die ungewöhnliche und reizvolle Kombination von Texturen, Aromen und Farben.

Lassen Sie sich von meiner Auswahl an traditionellen und innovativen Törtchen dazu anregen, die Rezepte selbst auszuprobieren. Ich wünsche Ihnen, dass Sie dabei ebenso viel Freude empfinden wie ich bei der Vorbereitung dieses Buches. Werden auch Sie ein begeisterter Patissier!

Christophe Felder

INHALT

GRUNDREZEPTE • 12

DIE TÖRTCHEN • 74

ANHANG • 234

MEINE BESTEN TIPPS, DAMIT ALLES GELINGT

Ich bin ein großer Liebhaber von Torten und Törtchen – ich genieße nicht nur meine eigenen, sondern auch die der Konkurrenz ... Für alle, die diese Vorliebe teilen, habe ich versucht herauszufinden, ob es möglich ist, die feinen kleinen Kreationen der Profis in der heimischen Küche herzustellen. Die Antwort ist: Ja, selbstverständlich! Sie müssen sich nur Zeit nehmen und gut organisiert sein. Jedes gelungene Ergebnis wird Sie mit Stolz erfüllen, außerdem können Sie naschen, so viel und so oft Sie wollen!

DAS RICHTIGE WERKZEUG

Ein stilvolles Törtchen muss klein sein und dabei eine gewisse Höhe erreichen. Zum Aufbau der Törtchen verwende ich Dessertringe mit unterschiedlichen Durchmessern und Höhen.

Für kleine Törtchen mit Biskuitboden, Cremefüllung und Fruchtkern eignen sich Ringe mit 5,5 cm Durchmesser und 4,5 cm Höhe am besten. Zum leichteren Auslösen kann man sie mit Transferfolie auskleiden.

Für Böden aus einer Meringenmasse werden die gleichen Ringe verwendet.

Für klassische Törtchen mit Dacquoise-Boden und einer Mousseline-Creme-Füllung bevorzuge ich Ringe mit 6,5 cm Durchmesser und 3 cm Höhe.

Im Handel findet man am häufigsten Dessertringe mit 8 cm Durchmesser. Andere Größen lassen sich im Internet bestellen, notfalls basteln Sie die Ringe selbst aus biegsamem Karton.

Natürlich können Sie auch Tartelettringe von 8 cm Durchmesser mit einem Mürbeteigboden auslegen und mit verschiedenen Cremes, Fruchtfüllungen und Biskuit kombinieren und die Aromen variieren.

Für die Herstellung von Fruchtfüllungen gibt es eine Vielzahl unterschiedlicher Förmchen, auch Pralinenformen aus Silikon sind geeignet – einfach ausprobieren!

Zum Verstreichen und Glätten ist eine kleine Winkelpalette sehr hilfreich, sie ist leichter zu handhaben als eine gerade Palette.

Ebenfalls erforderlich sind eine digitale Küchenwaage, eine Küchenmaschine, ein Stabmixer, verschiedene Schalen und Schüsseln (vorzugsweise aus Edelstahl), Schneebesen, ein Teigschaber, ein großes Messer, kleine Messer, ein Thermometer, ein Spritzbeutel mit Tüllen verschiedener Größen und Formen (glatt, gezackt), Spatel, Backpapier oder Silikonmatten sowie Backbleche und kleine Gitter.

GUTE PRODUKTE

Verwenden Sie frische, pasteurisierte Schlagsahne; im Elsass haben wir das Glück, Produkte aus der Kooperative Alsace Lait beziehen zu können, die auch die berühmten Pariser Patisserien beliefert. Frische Sahne schmeckt einfach besser als H-Sahne, die sich allerdings gut auf Vorrat halten lässt und fast überall zu bekommen ist.

Auch bei der Butter auf beste Qualität und erstklassigen Geschmack achten.

Kaufen Sie, wenn irgend möglich, Ihr Mehl in einem Mühlenbetrieb in Ihrer Nähe.

Bevorzugen Sie saisonale Früchte bester Qualität und mit vollem Aroma. Es empfiehlt sich, Obst während der Saison für eine spätere Verwendung einzufrieren.

Wählen Sie eine exzellente Schokolade (zum Beispiel die Kuvertüren von Valrhona), denn deren Qualität ist ausschlaggebend für den Geschmack Ihrer Törtchen.

Eier sollten bei Raumtemperatur gelagert werden. Ich möchte hier noch einmal daran erinnern, dass für Biskuit- und Macaron-Masse die Eier getrennt und das Eiweiß zu Schnee geschlagen wird.

VORRÄTE ANLEGEN

Die meisten der Törtchen in diesem Buch lassen sich gut auf Vorrat herstellen und einfrieren – mit Ausnahme von gefüllten Macarons und gefülltem Brandteiggebäck (nur die Macaron-Schalen und die ungefüllten Windbeutel oder Eclairs dürfen ins Gefrierfach).

Tiefgekühlte Törtchen spätestens nach 3 Wochen auftauen – nicht zuletzt, weil man sonst Gefahr läuft, sie zu vergessen und sich um ihren Genuss zu bringen.

In jedem Fall muss das Gefriergut gut verpackt in fest verschließbaren Dosen gelagert werden.

DIE FERTIGSTELLUNG

Die fertig aufgebauten Törtchen werden meist in gefrorenem Zustand fertiggestellt, weil das die Handhabung vereinfacht. Das kurzfristige Einfrieren hat keine Auswirkungen auf den Geschmack – ein hochwertiges Produkt erleidet dabei keine Qualitätseinbußen.

Selbst gebackene Törtchen (aus sorgfältig ausgewählten Grundprodukten) schmecken nicht nur deutlich besser als viele fertig gekaufte Gebäckstücke. Sie können Ihre Kreationen auch ganz nach Lust und Laune verändern. Das bereitet doppelte Freude – und am Ende können Sie stolz verkünden: »Alles selbst gemacht!«.

Es gibt eine ganze Reihe von klassischen Törtchen, die bereits vor Jahrzehnten kreiert wurden und immer wieder neue Interpretationen erfahren und ein dem aktuellen Trend entsprechendes Styling erhalten. Auch zu diesem Thema finden Sie hier zahlreiche Anregungen. Wagen Sie sich heran, variieren Sie Aufbau, Farben, Texturen und Aromen. Und je öfter Sie Hand anlegen, desto perfekter wird das Erscheinungsbild Ihrer Törtchen mit der Zeit.

Ganz wichtig: Nehmen Sie sich Zeit, um die einzelnen Handgriffe zu meistern. Geben Sie angesichts erster Schwierigkeiten nicht gleich auf! Halten Sie durch! Am Ende des Weges winkt der Erfolg.

ORGANISATION IST ALLES

Beginnen Sie mit dem Einkauf guter Produkte, und überprüfen Sie, ob Sie alle notwendigen Arbeitsmaterialien zur Hand haben.

Wiegen Sie alle Zutaten sorgfältig ab.

Es ist ratsam, Fruchtfüllungen 2 Tage im Voraus und Biskuitböden am Vortag herzustellen.

Anschließend empfiehlt sich folgende Reihenfolge: Tränksirup und Füllcreme herstellen, die Törtchen aufbauen, kühlen und lagern.

PERFEKT BACKEN

Biskuitmassen werden vorzugsweise bei Umluft gebacken. Dagegen empfiehlt sich für Brandteig und Oberflächen, die nicht mit Streuseln bedeckt sind und bräunen sollen, die konventionelle Ober-/Unterhitze, weil sich das Gebäck auf diese Weise weniger verformt.

RICHTIG GENIESSEN

Die meisten Törtchen können vorübergehend im Kühlschrank aufbewahrt werden; man sollte sie etwa 10 Minuten vor dem Servieren herausnehmen und auf Raumtemperatur bringen. Eine Ausnahme sind Süßspeisen auf Schokoladenbasis: Sie können sofort serviert werden.

EXPERIMENTIEREN MACHT SPASS

Und noch ein Tipp zum Schluss: Seien Sie experimentierfreudig! Entwickeln Sie zum Beispiel mit einem Biskuit aus dem einen Rezept und der Füllcreme aus einem anderen Ihre ganz persönliche Kreation.

Und wenn einmal die richtigen Förmchen nicht zur Hand sind, ist das kein Grund zur Verzweiflung: Man kann Biskuitplatten auch mit Creme füllen, kurz tiefkühlen und dann ganz einfach in 3 × 9 cm große Rechtecke oder 5 × 5 cm große Quadrate schneiden. Auf diese Weise erhält man ebenfalls hübsche kleine Törtchenportionen (zum Schneiden ein Messer mit einer langen, sehr dünnen Klinge verwenden, vor jedem Schnitt in heißes Wasser tauchen und vor jedem weiteren Schnitt abwischen).

IMMER DAS RICHTIGE WERKZEUG

DESSERTRINGE 5,5 CM DURCHMESSER
DESSERTRINGE 6,5 CM DURCHMESSER
DESSERTRAHMEN 5 × 10 CM
HOHE DESSERTRINGE 5,5 CM DURCHMESSER
HOHE DESSERTRINGE 6,5 CM DURCHMESSER

....

SPRITZTÜTE AUS PAPIER
SPRITZBEUTEL
LOCHTÜLLE 3 MM
LOCHTÜLLE 4 MM
LOCHTÜLLE 5 MM
LOCHTÜLLE 8 MM
SAINT-HONORÉ-TÜLLE
STERNTÜLLE 6 MM
STERNTÜLLE 8 MM

....

AUSSTECHER 3 CM DURCHMESSER
AUSSTECHER 4 CM DURCHMESSER
AUSSTECHER 5 CM DURCHMESSER
AUSSTECHER 6,5 CM DURCHMESSER
AUSSTECHER 7 CM DURCHMESSER
AUSSTECHER 8 CM DURCHMESSER

....

DAUERBACKMATTE AUS SILIKON

SILIKONFORM FÜR MINI-SAVARINS
SILIKONFORM FÜR GROSSE HALBKUGELN
SILIKONFORM FÜR KLEINE HALBKUGELN
SILIKONFORM FÜR KUGELN
SILIKONFORM FÜR PETITS FOURS
SILIKONFORM FÜR MINI-QUADRATE

....

DIGITALE WAAGE
FLAMBIERBRENNER
KÜCHENMASCHINE
STABMIXER

....

BACKPINSEL
BACKBLECH 40 × 30 CM
HAARSIEB
HOLZ- ODER SILIKONSPATEL
KÜCHENTHERMOMETER
REIBE
ROLLHOLZ
SCHNEEBESEN
STREICHPALETTE AUS EDELSTAHL
TEIGSCHABER
WINKELPALETTE
ZESTENREISSER

GRUNDREZEPTE

BUTTERCREME

ZUTATEN FÜR
550 G BUTTERCREME

200 G FEINER KRISTALL-
ZUCKER

100 ML WASSER

2 EIER

250 G FESTE BUTTER

1 KÜCHENTHERMOMETER

ZUBEREITUNG
15 MINUTEN

GARZEIT
5 MINUTEN

Diese vielseitig verwendbare Creme zählt zu den Klassikern der traditionellen französischen Patisserie. Sie lässt sich nicht einfrieren.

1 In einem Topf den Zucker mit dem Wasser bei mittlerer Temperatur zum Kochen bringen.

2 Die Eier in die Rührschüssel der Küchenmaschine geben.

3 Den Zuckersirup auf 120 °C erhitzen, mit einem Thermometer die Temperatur kontrollieren.

4 Sobald das Thermometer 110 °C anzeigt, die Küchenmaschine einschalten und bei höchster Geschwindigkeit die Eier aufschlagen.

5 Wenn der Sirup 120 °C heiß ist, in dünnem Strahl zu den Eiern gießen, dabei die Küchenmaschine weiterlaufen lassen, bis die Mischung weißschaumig ist und bandartig vom Rührbesen fließt.

6 7 Die Butter mit einem Teigschaber durcharbeiten, bis sie cremig ist und eine glatte, homogene Konsistenz hat (das Rührgefäß falls nötig im Wasserbad oder im Backofen leicht anwärmen).

8 Die cremig gerührte Butter zu der Eier-Zucker-Masse geben.

9 Die Mischung etwa 5 Minuten in der Küchenmaschine aufschlagen, um der Buttercreme eine luftig-leichte Konsistenz zu verleihen. Wird sie dabei zu weich, ein Gefäß mit Eiswasser, wird sie zu hart, ein Gefäß mit heißem Wasser unter die Rührschüssel stellen.

10 Die Buttercreme in eine Schüssel füllen. Bis zur Verwendung mit Frischhaltefolie bedecken und bei Raumtemperatur aufbewahren.

In meiner Patisserie stelle ich auch eine etwas leichtere Buttercreme her, die sich perfekt für kleine Törtchen eignet. Dafür brauchen Sie 200 g Butter, 200 g Konditorcreme (Rezept Seite 18) sowie 40 g Italienische Meringenmasse (Rezept Seite 76).
Die Butter cremig rühren. Die Konditorcreme mit dem Schneebesen glatt rühren. Zusammen mit der Butter in der Küchenmaschine schaumig aufschlagen, zum Schluss die Italienische Meringenmasse unterziehen.

KONDITORCREME

500 ML VOLLMILCH

1 VANILLESCHOTE

100 G EIGELB (5 EIGELB)

120 G FEINER KRISTALL-
ZUCKER

50 G SPEISESTÄRKE

40 G BUTTER

**ZUBEREITUNG
20 MINUTEN**

**GARZEIT
15 MINUTEN**

Vollmilch ist hier Pflicht! Die fertige Creme kann 3 Tage im Kühlschrank aufbewahrt werden, sie lässt sich aber nicht einfrieren.

1 Die Milch mit der längs aufgeschnittenen Vanilleschote und dem herausgeschabten Mark bei mittlerer Temperatur zum Kochen bringen. Von der Kochstelle nehmen und nach Möglichkeit 1 Stunde ziehen lassen.

2 Eigelb und Zucker in einer Schüssel gründlich verrühren, aber nicht schaumig schlagen.

3 Die Speisestärke dazugeben.

4 Gut umrühren, bis die Masse schön glatt ist.

5

5 Die Milch mit der Vanilleschote erneut aufkochen. Ein Drittel der kochend heißen Milch unter kräftigem Rühren in die Eigelbmasse gießen. Die Vanilleschote entfernen.

6

6 Die Eigelbmischung zu der restlichen Milch in den Topf gießen und bei hoher Temperatur zum Kochen bringen, dabei kräftig rühren.

7

7 Sobald die Creme eindickt, den Topf von der Kochstelle nehmen. Die Butter hineingeben und gleichmäßig unterziehen.

8

8 Die Creme in eine mit Frischhaltefolie ausgekleidete Schale gießen und auch die Oberfläche vollständig mit Folie bedecken, damit sich keine Haut bildet. Im Kühlschrank abkühlen lassen.

ZUTATEN FÜR 170 G KNUSPERTEIG

50 G BUTTER

60 G HELLER ROH-ROHR-ZUCKER

60 G MEHL (TYPE 405)

EINIGE TROPFEN GELBE UND ROTE SPEISEFARBE

KNUSPERTEIG

ZUBEREITUNG: 10 MINUTEN

Zusammen mit Brandteig ein Dream-Team: Hauchdünn ausgerollt verleiht er Eclairs oder Windbeuteln die ultimative Knusprigkeit.

1 Die Butter mit einem Teigschaber cremig rühren. Den Zucker dazugeben und untermischen.

2 Anschließend das Mehl einarbeiten. Den Teig halbieren. Eine Hälfte mit Speisefarbe einfärben.

3 Beide Teighälften zu Kugeln formen.

4 Die Teigkugeln zwischen zwei Bögen Backpapier jeweils 2–3 mm dick ausrollen. Ins Gefrierfach legen.

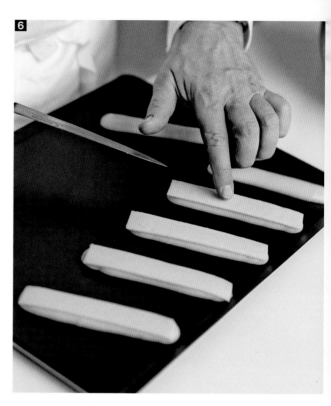

5 Den Teig je nach Rezept in die gewünschte Form schneiden oder ausstechen. Für die Karamell-Eclairs (Rezept Seite 107) aus dem ungefärbten Teig Rechtecke ausschneiden.

6 Die Rechtecke auf die ungebackenen Eclairs legen.

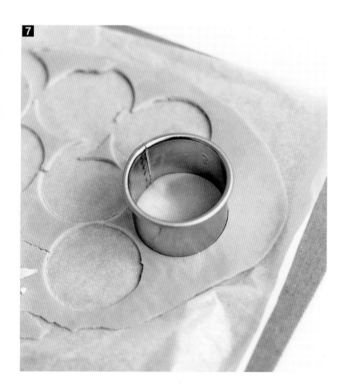

7 Für die Orangen-Windbeutel (Rezept Seite 100) aus dem eingefärbten Teig Kreise ausstechen.

8 Die Windbeutel mit den Teigkreisen belegen.

DACQUOISE

ZUTATEN FÜR 525 G DACQUOISE

200 G EIWEISS

100 G FEINER KRISTALL-ZUCKER

120 G MANDELN, GEMAHLEN UND GERÖSTET

65 G PUDERZUCKER

40 G MEHL (TYPE 405)

1 WINKELPALETTE

1 AUSSTECHFORM

ZUBEREITUNG
15–20 MINUTEN

BACKZEIT
15–20 MINUTEN

Die gemahlenen Mandeln können durch gemahlene Haselnüsse ersetzt werden, die aber im Backofen etwas mehr Zeit zum Rösten brauchen (etwa 5 Minuten).
Der fertige Boden hält sich tiefgekühlt 3–4 Wochen, in Frischhaltefolie verpackt bleibt er im Kühlschrank 1 Woche frisch.

1 Das Eiweiß mit etwas Kristallzucker aufschlagen, nach und nach den restlichen Zucker einrieseln lassen.

2 Die gemahlenen Mandeln im vorgeheizten Backofen bei 160 °C 10 Minuten rösten. Den Ofen auf 180 °C einstellen.

3 Die abgekühlten Mandeln, den Puderzucker und das Mehl auf einen Bogen Backpapier geben.

4 Mit dem Schneebesen behutsam vermengen.

5 Die Mischung zu dem Eischnee geben und mit einem Teigschaber unterziehen.

6 Die Dacquoise-Masse auf ein mit Backpapier ausgelegtes Blech geben.

7 Die Masse mit einer Winkelpalette bis an den Rand des Backblechs verstreichen. 15–20 Minuten bei 180 °C backen. Das Blech nach der Hälfte der Backzeit um 180 Grad drehen.

8 Den abgekühlten Boden auf die mit Backpapier bedeckte Arbeitsfläche stürzen und das obere Backpapier vorsichtig abziehen.

9 10 Den Boden wieder auf die richtige Seite drehen. Kreise in der gewünschten Größe ausstechen.

11 Die Böden in Dessertringe legen.

BISKUIT

ZUTATEN FÜR
500 G BISKUIT

4 EIER

120 G FEINER KRISTALL-
ZUCKER

40 G MANDELN, GEMAHLEN

100 G MEHL (TYPE 405)

30 G BUTTER, ZERLASSEN

1 WINKELPALETTE

1 AUSSTECHFORM

ZUBEREITUNG
15 MINUTEN

BACKZEIT
10 MINUTEN

Für diese sogenannte Genueser Masse werden Eigelb und Eiweiß zusammen aufgeschlagen, für eine herkömmliche Biskuitmasse dagegen trennt man sie. Biskuitböden eignen sich ganz besonders gut als Unterlage für höhere Törtchen.

Den Backofen auf 180 °C vorheizen.

1 Die Eier in die Rührschüssel der Küchenmaschine geben. Mit hoher Geschwindigkeit 10–15 Minuten aufschlagen

2 Den Zucker hinzufügen.

3 Die Küchenmaschine ausschalten. Das mit den gemahlenen Mandeln gesiebte Mehl in die Rührschüssel geben.

4 Mit einem Teigschaber in kreisenden Bewegungen unter die Masse heben, dabei die Schüssel drehen.

5 Etwas Teig mit der flüssigen Butter verrühren.

6 Die Mischung behutsam unter die Masse ziehen.

7 Die Biskuitmasse auf ein 40 × 30 cm großes, mit Backpapier ausgelegtes Blech geben.

8 9 Mithilfe einer Winkelpalette gleichmäßig bis an den Rand verstreichen. In den Ofen schieben und gut 10 Minuten backen.

10 Den fertigen Biskuit abkühlen lassen. Anschließend auf einen Bogen Backpapier stürzen und wieder auf die richtige Seite drehen. Kreise in der gewünschten Größe ausstechen.

FARBIGE GLASUR

ZUTATEN FÜR 530 G GLASUR

ZUBEREITUNG: 15 MINUTEN

150 G GLUKOSE

150 G FEINER KRISTALL-ZUCKER

75 ML WASSER

150 G WEISSE KUVERTÜRE (CHIPS ODER GEHACKT)

100 G GEZUCKERTE KON-DENSMILCH

8 G BLATTGELATINE

EINIGE TROPFEN ROTE UND GELBE SPEISEFARBE

1 KÜCHENTHERMOMETER

Glasuren können 3–4 Wochen im Kühlschrank aufbewahrt oder eingefroren werden.

Man kann dieser Glasur zusätzlich 1–2 g weiße Speisefarbe zusetzen (Bezugsquellen Seite 242). Auf diese Weise wird sie undurchsichtig und man erzielt damit ein besonders schönes Ergebnis.

1 Die Glukose in einen Topf füllen.

2 Den Zucker dazugeben.

3 Dann das Wasser unterrühren.

4 Bei mittlerer Temperatur auf 103–104 °C erhitzen.

5

5 Die Kuvertüre, die Kondensmilch und die vorher in Eiswasser eingeweichte Gelatine bereitstellen.

6

6 Die Kondensmilch über die Kuvertüre gießen.

7

7 Die ausgedrückte Gelatine dazugeben.

8

8 Etwas heißen Sirup angießen.

9 Mit einem Teigschaber gründlich mischen.

10 Den restlichen Sirup unterrühren.

11 Die Glasur mit dem Stabmixer durchrühren (dabei kaum bewegen, um Luftblasen zu vermeiden), bis sie eine vollkommen glatte Konsistenz hat.

12 Die Glasur auf Schalen verteilen, um sie unterschiedlich einzufärben. Die Speisefarbe in eine der Schalen geben.

13 Mit einem Teigschaber verrühren.

14 Viele verschiedene Farbtöne sind möglich.

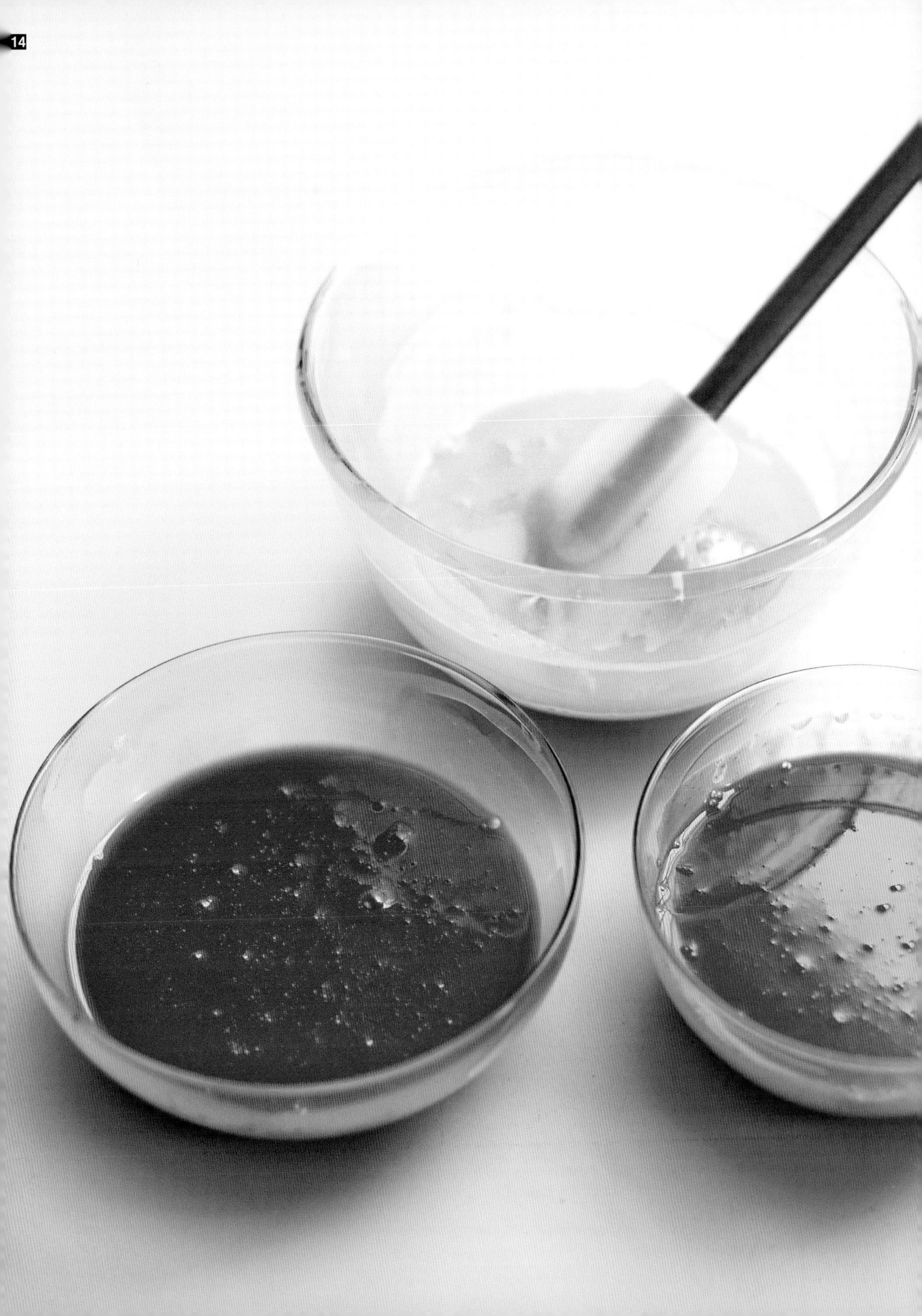

ZUTATEN FÜR 1,250 KG

MACARON-MASSE ODER

24 MACARONS

Jedes Macaron (bestehend aus zwei Hälften) wiegt 35–40 g.

150 ML WASSER

315 G FEINER KRISTALL-ZUCKER

345 G PUDERZUCKER

315 G MANDELN, GEMAHLEN

240 G EIWEISS (VON ETWA 6 EIERN)

EINIGE TROPFEN SPEISEFARBE (JE NACH REZEPT)

1 KÜCHENTHERMOMETER

1 SPRITZBEUTEL

1 LOCHTÜLLE 8 MM

MACARONS

ZUBEREITUNG
30 MINUTEN

BACKZEIT
15–20 MINUTEN

Hier bereiten wir gleich eine größere Menge Macaron-Masse zu – genug, um sie aufzuteilen und passend eingefärbt in verschiedenen Rezepten zu verwenden. Macaron-Schalen lassen sich auch gut auf Vorrat backen und einfrieren.

Für kräftige Farben empfiehlt sich Speisefarbe in Pulverform, wenn Pastelltöne gewünscht werden, eignen sich flüssige Farben besser.

Den Backofen auf 165 °C vorheizen.

1 Zunächst alle Zutaten genau abwiegen.

2 Das Wasser und den Kristallzucker in einen Topf geben, mit einem Spatel verrühren und bei mittlerer Temperatur erhitzen.

3 Den Puderzucker und die gemahlenen Mandeln vermengen und mit dem Stabmixer pulverisieren. Durch ein Haarsieb in eine Schüssel sieben.

4 120 g Eiweiß in die Rührschüssel der Küchenmaschine geben.

5 Mit dem Thermometer die Temperatur des Sirups überwachen; sie soll am Ende 118–119 °C betragen. Sobald 112–114 °C erreicht sind, die Küchenmaschine einschalten und auf höchster Geschwindigkeit laufen lassen.

6 Wenn der Sirup 118 °C heiß ist, bei laufendem Motor in den Eischnee gießen. Dabei unbedingt am Schüsselrand einlaufen lassen, um heiße Spritzer zu vermeiden.

7 Die Küchenmaschine 7–8 Minuten weiterlaufen lassen, bis die Masse abgekühlt ist.

8 In der Zwischenzeit die restlichen 120 g Eiweiß zu der Mandel-Puderzucker-Mischung geben.

9 Mit einem festen Spatel gründlich vermischen.

10 So sieht die gewünschte Konsistenz aus.

11 Die Masse auf vier Schüsseln verteilen (etwa 194 g je Schüssel) und je nach Rezept (Seite 140, 146, 152, 160) unterschiedlich einfärben.

12 Die Speisefarbe gründlich untermischen.

13 So sieht die eingefärbte Masse für die Macarons Soho® (Rezept Seite 160) aus.

14 Den Eischnee wiegen. In vier gleiche Portionen teilen und unter die eingefärbten Mandelmassen heben.

Die Macaron-Masse nach den Anweisungen im jeweiligen Rezept auf ein vorbereitetes Blech spritzen. Die Backzeit beträgt im Allgemeinen 15–20 Minuten.

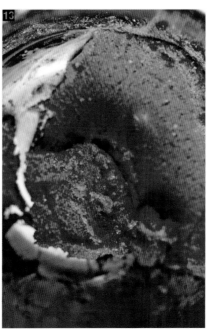

FRANZÖSISCHE MERINGEN

ZUTATEN FÜR

300 G

FRANZÖSISCHE MERINGEN

100 G EIWEISS

200 G FEINER KRISTALL-ZUCKER

1 SPRITZBEUTEL

1 LOCHTÜLLE 8 MM

1 SILIKONBACKFORM FÜR HALBKUGELN

ZUBEREITUNG
10 MINUTEN

BACKZEIT
130 MINUTEN

Meringen oder Baisers dürfen auf keinen Fall bräunen. Das Gebäck aus Eischnee und Zucker muss innen vollkommen trocken sein und vor dem Füllen vollständig auskühlen.

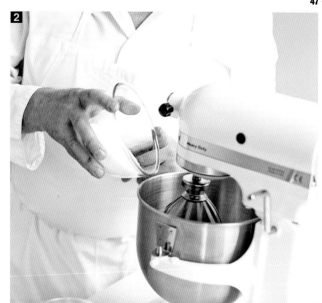

Den Backofen auf 130 °C vorheizen.

1 Das Eiweiß in die Rührschüssel der Küchenmaschine geben.

2 25 g Zucker hinzufügen und mit höchster Geschwindigkeit aufschlagen.

3 Das Eiweiß 5 Minuten weiterschlagen, dabei nach und nach 75 g Zucker einrieseln lassen. Die Meringenmasse soll schön weiß sein und am Rührbesen haften bleiben.

4 100 g Zucker zur Meringenmasse geben und einige Sekunden mit einem Teigschaber untermischen.

5 So sieht die gewünschte Konsistenz aus.

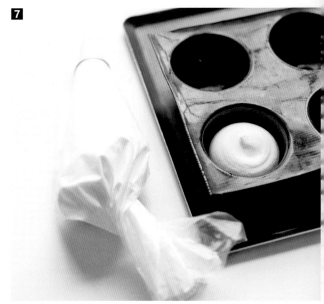

6 Die Meringenmasse in einen Spritzbeutel mit Lochtülle füllen.

7 In die Mulden der auf ein Backblech gestellten Form kleine Kugeln dressieren.

Bei 130 °C 8 Minuten backen. Anschließend die Temperatur auf 90 °C reduzieren und die Meringen im Ofen weitere 2 Stunden trocknen lassen.

KARAMELLISIERTE HASELNÜSSE

ZUTATEN FÜR
230 G
KARAMELLISIERTE HASELNÜSSE

150 G HASELNUSSKERNE

80 G FEINER KRISTALLZUCKER

50 ML WASSER

¼ VANILLESCHOTE

1 KÜCHENTHERMOMETER

ZUBEREITUNG
10 MINUTEN

BACKZEIT
15 MINUTEN

Wenn die Nüsse nicht sofort verbraucht werden, kann man sie in einem luftdicht verschlossenen Gefäß bis zu 1 Monat aufbewahren. So bleiben sie schön knusprig. Auf dieselbe Art lassen sich auch Pistazien und Mandeln karamellisieren.

Den Backofen auf 180 °C vorheizen.

1 Die Haselnüsse 15 Minuten rösten.

2 Aus dem Ofen nehmen. Die Nüsse etwas abkühlen lassen, dann zwischen den Händen reiben, um die Haut zu entfernen. Durch ein Sieb abschütteln.

3 Die Nüsse mit einem großen Messer grob hacken.

4 Den Zucker und das Wasser in einen Topf geben, die Vanilleschote hinzufügen. Den Sirup bei hoher Temperatur auf 120 °C erhitzen.

5 Die Nüsse in den kochenden Sirup geben und rasch mit einem Holz- oder Silikonspatel umrühren.

6 Die Nussstücke lösen sich voneinander und kristallisieren. Weitere 2–3 Minuten erhitzen, bis sie leicht karamellisiert sind.

7 Auf einem mit Backpapier ausgelegten Blech verteilen und abkühlen lassen.

KANDIERTE GRAPEFRUITS

ZUTATEN FÜR 2 GRAPEFRUITS

2 UNBEHANDELTE ROSA GRAPEFRUITS

300 G FEINER KRISTALL-ZUCKER FÜR DEN SIRUP

500 ML MINERALWASSER

100 G FEINER KRISTALL-ZUCKER FÜR DEN ZUCKER-ÜBERZUG

2 EL GRANATAPFELSIRUP

ZUBEREITUNG
30 MINUTEN

GARZEIT
40 MINUTEN

In einer gut verschlossenen Dose können die kandierten Grapefruits bis zu 2 Monate im Kühlschrank aufbewahrt werden.

1 Die Grapefruits mit einem kleinen scharfen Messer schälen, dabei etwas Fruchtfleisch mit abschneiden. Die Schalen in 5 mm breite Streifen schneiden.

2 In einem Topf bei mittlerer Temperatur etwas Wasser zum Kochen bringen. Die Grapefruitstreifen hineingeben, sie sollen mit Wasser bedeckt sein. 1 Minute kochen lassen, dann in ein Sieb abgießen. Den Vorgang achtmal mit frischem Wasser wiederholen, um der Schale die Bitterstoffe zu entziehen (in der Fachsprache heißt dieser Vorgang »blanchieren«).

3 Die Grapefruitstreifen abtropfen lassen.

4 Den Zucker und das Mineralwasser aufkochen. Die Grapefruitstreifen in den Sirup geben und 20 Minuten kochen. Abtropfen lassen.

5 Die Streifen in einer Schüssel mit dem Zucker vermischen, bis sie vollständig überzogen sind.

6 Den Granatapfelsirup dazugießen und mit einem Löffel gründlich umrühren.

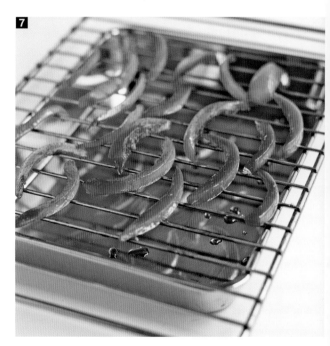

7 Die Streifen auf ein Gitter legen und bei Raumtemperatur über Nacht trocknen lassen.

Vor der weiteren Verwendung erneut in Zucker wälzen.

ZUTATEN FÜR 800 G BRANDTEIG

150 ML WASSER

100 ML MILCH

5 G FEINER KRISTALLZUCKER

5 G SALZ

110 G BUTTER

140 G MEHL (TYPE 405)

250–300 G EI

1 EI ZUM BESTREICHEN

1 SPRITZBEUTEL

1 LOCHTÜLLE 8 MM

BRANDTEIG

ZUBEREITUNG
30 MINUTEN

BACKZEIT
25–35 MINUTEN
(JE NACH GRÖSSE DER GEBÄCKSTÜCKE)

Falls die Masse zu fest erscheint, um sie mit dem Spritzbeutel zu verarbeiten, noch etwas verquirltes Ei unterrühren (auch wenn der Teig schon abgekühlt ist). Übrig gebliebenen Brandteig in einen Spritzbeutel füllen, kleine Windbeutel auf Backpapier dressieren und tiefkühlen. Luftdicht verpackt im Gefrierfach lagern.

Den Backofen auf 180 °C vorheizen.

1 Das Wasser, die Milch, den Zucker, das Salz und die in Stücke geschnittene Butter in einen Topf geben und bei mittlerer Temperatur erhitzen.

2 Sobald die Butter vollständig geschmolzen und die Mischung heiß ist, den Topf von der Kochstelle nehmen. Das Mehl unter Rühren mit einem Spatel einrieseln lassen.

3 Gründlich verrühren, bis das Mehl vollständig aufgenommen ist.

4 Bei mittlerer Temperatur erneut erhitzen und den Teig unter ständigem Rühren 1 Minute abbrennen.

5 Sobald sich der Teig als Kloß vom Topfboden löst, in die Rührschüssel der Küchenmaschine füllen.

6 Bei mittlerer Geschwindigkeit nach und nach di Eier dazugeben. Möglicherweise werden nicht alle ge braucht – der Teig soll weder zu weich noch zu fest sein

7 Den Teig in einen Spritzbeutel mit 8-mm-Lochtülle füllen und in der gewünschten Form auf ein beschichtetes Backblech dressieren. Hier entstehen 14 cm lange Eclairs (Rezepte Seite 106, 112).

8 Für Windbeutel kleine Teigkugeln mit einigen Zentimetern Abstand auf das Blech dressieren (Rezepte Seite 100, 196).

9 Falls im Rezept gefordert, mit verquirltem Ei bestreichen, dann mit einer Gabel leicht flach drücken.

Die Teigstücke je nach Größe 25–35 Minuten bei 180 °C Ober-/Unterhitze backen (keine Umluft; die Ofentür während des Backvorgangs keinesfalls öffnen, sonst fällt das Gebäck zusammen).

ZUTATEN FÜR
700 G MARZIPAN

320 G MANDELN, GEMAHLEN

320 G PUDERZUCKER

2–3 TROPFEN BITTER-
MANDELESSENZ

10 ML ORANGENBLÜTEN-
WASSER

¼ VANILLESCHOTE

60 G EIWEISS

MARZIPAN

ZUBEREITUNG
10 MINUTEN

Marzipan kann problemlos eingefärbt werden
und eignet sich perfekt als Überzug für kleine
Törtchen. In Frischhaltefolie verpackt, hält es
sich mehrere Wochen im Kühlschrank.

1 Die gemahlenen Mandeln in die Rührschüssel der Küchenmaschine (mit Flachrührer) geben.

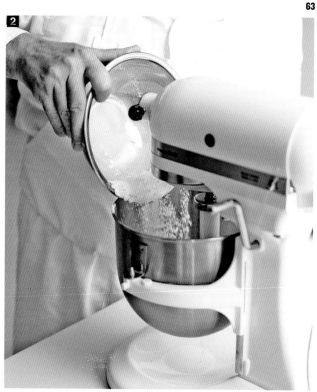

2 Den Puderzucker hinzufügen.

3 Die Mandelessenz, das Orangenblütenwasser ...

4 ... und das ausgeschabte Vanillemark dazugeben.

5 Das Eiweiß nach und nach hinzufügen, dabei die Küchenmaschine mit niedriger Geschwindigkeit 3–4 Minuten laufen lassen, bis eine homogene, feste Masse entstanden ist.

6 Die Marzipanmasse aus der Rührschüssel nehmen und die Konsistenz überprüfen. Falls sie zu weich ist, etwas Puderzucker darübersieben und unterkneten.

7 Das Marzipan zu einem flachen Rechteck formen, in Frischhaltefolie wickeln und im Kühlschrank aufbewahren.

BUTTER-MÜRBETEIG

ZUTATEN FÜR
285 G MÜRBETEIG

ZUBEREITUNG
10 MINUTEN

BACKZEIT
15–20 MINUTEN

125 G BUTTER

45 G PUDERZUCKER

1 G SALZ

120 G MEHL (TYPE 405)

1 ROLLHOLZ

Dieser besonders buttrige Teig mit seiner schönen Konsistenz ist ideal für hauchdünne, knusprige Böden. Sie können einige Tage im Voraus gebacken und in einer luftdicht schließenden Dose aufbewahrt werden.

Den Backofen auf 180 °C vorheizen

Die Butter in eine Schüssel geben, in der Mikrowelle oder im Wasserbad weich werden lassen und mit einem Teigschaber cremig rühren.

1 Den Puderzucker dazugeben und mit einem Teigschaber kräftig unterrühren.

2 Das Salz hinzufügen.

3 Das Mehl untermischen.

4  **5**  **6**

4 Alles zu einem glatten Teig verarbeiten.

5 So sieht die gewünschte Konsistenz aus.

6 Den Teig auf einem Bogen Backpapier ausrollen.

7 Mit einem weiteren Bogen Backpapier bedecken und erneut mit dem Rollholz darüberfahren.
Auf das Backblech geben und für 15 Minuten ins Gefrierfach stellen.

8

7

8 Das Blech aus dem Gefrierfach nehmen und das obere Papier vorsichtig abziehen. Den Teig umdrehen und den zweiten Bogen ebenfalls entfernen. Den Teig in Rechtecke von 5 × 10 cm schneiden (oder in die für das jeweilige Rezept benötige Form) und 15–20 Minuten backen. Falls nötig, die Ränder begradigen.

KNUSPRIGER MANDELBISKUIT

ZUBEREITUNG
15–20 MINUTEN

BACKZEIT
15–20 MINUTEN

ZUTATEN FÜR
350 G
MANDELBISKUIT

100 G EIWEISS

160 G FEINER KRISTALLZUCKER

1 EL FLÜSSIGER KARAMELL

60 G MANDELN, GEMAHLEN

20 G MEHL

1 WINKELPALETTE

Den Backofen auf 160 °C (Umluft) vorheizen.

Das Eiweiß mit 30 g Zucker aufschlagen. Sobald es schaumig wird, weitere 50 g Zucker und den flüssigen Karamell dazugeben und weiterschlagen, bis steifer Schnee entstanden ist (etwa 5 Minuten).

Die restlichen Zutaten bereitstellen: 60 g gemahlene Mandeln, 80 g Zucker und 20 g Mehl. Mit einem Schneebesen behutsam vermengen. Auf den Eischnee geben und mit einem Teigschaber unterziehen.

Die Biskuitmasse auf ein mit Backpapier ausgelegtes Blech geben und mit einer Winkelpalette 8 mm dick verstreichen.

15–20 Minuten backen, dabei das Blech nach der Hälfte der Backzeit um 180 Grad drehen.

Den Biskuit nach dem Abkühlen vom Blech auf die mit Backpapier belegte Arbeitsfläche stürzen. Das obere Papier vorsichtig abziehen. Den Biskuit wieder umdrehen und nach den Angaben im jeweiligen Rezept weiterverarbeiten.

Der Mandelbiskuit kann bis zu 3 Wochen im Tiefkühlfach aufbewahrt werden. In Frischhaltefolie gewickelt hält er 1 Woche im Kühlschrank.

EXOTISCHE MARMELADE

ZUTATEN FÜR
2 GLÄSER MARMELADE

120 G UNBEHANDELTE ORANGEN (ODER CLEMENTINEN)

100 G PASSIONSFRUCHTSAFT

60 ML WASSER

120 G MANGO, GESCHÄLT

340 G FEINER KRISTALLZUCKER

5 G PEKTIN

10 G ZITRONENSAFT

ZUBEREITUNG
10 MINUTEN

GARZEIT ETWA
10 MINUTEN

Die Zitrusfrüchte mit der Schale in dünne Scheiben schneiden, dann in kleine Würfel teilen. In einen Topf geben und mit dem Passionsfruchtsaft und dem Wasser verrühren. Die zerkleinerte Mango, Zucker und Pektin hinzufügen. Etwa 10 Minuten bei mittlerer Temperatur kochen lassen. Den Zitronensaft angießen und die Marmelade noch einmal aufwallen lassen. Eine Gelierprobe machen. Die fertige Marmelade mit dem Stabmixer pürieren und in Gläser füllen.

ZUTATEN FÜR 250 G CHANTILLY-SAHNE

250 G FLÜSSIGE SCHLAGSAHNE

½ VANILLESCHOTE

30 G FEINER KRISTALLZUCKER

CHANTILLY-SAHNE

ZUBEREITUNG
10 MINUTEN

Zum Steifschlagen eignet sich nur Sahne mit einem Fettgehalt von mindestens 30 %. Man kann die Sahne zusätzlich mit 1 TL Kirschwasser aromatisieren.

Eine Schüssel für 30 Minuten ins Gefrierfach stellen.

Die Sahne in die gekühlte Schüssel gießen. Die Vanilleschote längs aufschneiden und ausschaben. Die Sahne aufschlagen. Sobald sie steif zu werden beginnt, den Zucker und das Vanillemark zugeben. Weiterschlagen, bis die Sahne steif ist und am Rührbesen haftet. In den Kühlschrank stellen und im Lauf des Tages verwenden.

ZUTATEN FÜR 400 G FARBLOSE GLASUR

10 G BLATTGELATINE

150 ML MINERALWASSER

200 G FEINER KRISTALLZUCKER

50 G GLUKOSE ODER AKAZIEN-HONIG

SCHALE VON ¼ UNBEHANDELTEN ZITRONE, ABGERIEBEN

½ VANILLESCHOTE

FARBLOSE GLASUR

ZUBEREITUNG
10 MINUTEN

Die Glasur kann problemlos auf Vorrat hergestellt und bis zu 2 Wochen im Kühlschrank aufbewahrt werden.

Die Gelatine in ½ l kaltem Wasser einweichen.

Das Wasser, den Zucker, die Glukose und den Zitronenabrieb in einen Topf geben. Die halbierte Vanilleschote und das ausgeschabte Mark hinzufügen. Aufkochen lassen, dann die Herdplatte ausschalten. Die abgetropfte Gelatine mit einem Schneebesen sorgfältig einrühren. Die Glasur durch ein Haarsieb in ein Gefäß passieren und im Kühlschrank aufbewahren.

Vor der Verwendung im Wasserbad leicht erwärmen.

BLITZ-BLÄTTERTEIG

ZUBEREITUNG
1 STUNDE

ZUTATEN FÜR
280 G
BLITZ-BLÄTTERTEIG

200 G BUTTER

250 G MEHL (TYPE 405)

5 G SALZ

125 ML KALTES WASSER

1 ROLLHOLZ

Die kalte Butter in kleine Würfel mit 1 cm Seitenlänge schneiden. Mit dem Mehl vermengen, dabei die Würfel nicht zerdrücken.

Die Mischung auf die Arbeitsfläche geben und in die Mitte eine Vertiefung drücken. Das Salz und das kalte Wasser in die Vertiefung geben. Alles mit den Händen zu einem Teig verarbeiten, dabei die Butterstücke nicht vollständig zerdrücken.

Den Teig zu einem Rechteck von 30 × 40 cm ausrollen. Dreilagig falten: ein Drittel der Schmalseite zur Mitte hin umschlagen, die andere Seite darüberklappen. Den Vorgang viermal wiederholen, also insgesamt fünf Touren geben.

Den Blitz-Blätterteig in Frischhaltefolie wickeln und 30 Minuten im Kühlschrank ruhen lassen. Anschließend nach den Angaben im jeweiligen Rezept weiterverarbeiten.

KROKANTMASSE

ZUBEREITUNG
20 MINUTEN

GARZEIT
15 MINUTEN

ZUTATEN FÜR
250 G
KROKANTMASSE

150 G HASELNUSSKERNE

¼ VANILLESCHOTE

100 G FEINER KRISTALLZUCKER

Den Backofen auf 160 °C vorheizen.

Die Nüsse auf einem Blech verteilen und etwa 15 Minuten im Backofen rösten. Herausnehmen und etwas abkühlen lassen. Die Nüsse zwischen den Händen reiben, um die Häute abzulösen. In ein Sieb geben und die Häute abschütteln.

Die Vanilleschote längs aufschneiden und das Mark herausschaben. Den Zucker und die Vanille in einen Topf geben; bei mittlerer Temperatur unter ständigem Rühren mit einem Spatel schmelzen. Sobald der Zucker die Farbe von dunklem Karamell annimmt, den Topf vom Herd ziehen und die Vanilleschote entfernen.

Die gerösteten Haselnüsse unterrühren und mit dem Karamell überziehen. Auf ein mit Backpapier ausgelegtes Blech geben und abkühlen lassen.

Den abgekühlten Haselnusskaramell in grobe Stücke brechen und in einem leistungsstarken Mixer zerkleinern, bis eine dickflüssige Masse entstanden ist. Der Vorgang dauert 5–6 Minuten: Zunächst entsteht ein feines Pulver, nach weiterem Mixen eine ölige Masse.

Die Masse hält sich in einem fest verschlossenen Glas bis zu 3 Wochen; will man sie länger aufheben, kann sie in kleinen Portionen eingefroren werden.

PISTAZIENMASSE

ZUBEREITUNG
20 MINUTEN

BACKZEIT
10 MINUTEN

ZUTATEN FÜR
145 G
PISTAZIENMASSE

80 G PISTAZIENKERNE (MIT ODER
OHNE HAUT)

65 G SIROP D'ORGEAT (MANDEL-
SIRUP)

GELBE UND GRÜNE SPEISEFARBE

Den Backofen auf 160 °C vorheizen.

Die Pistazien auf einem Blech verteilen und 10 Minuten im Ofen rösten.

Abkühlen lassen. Die gerösteten Pistazien im Mixer zu feinem Pulver zerkleinern. Den Mandelsirup und die Speisefarbe dazugeben. Weitere 30 Sekunden mixen, bis eine geschmeidige Masse entstanden ist.

80 g Pistazienkerne karamellisieren (Rezept Seite 50). In den Mixer geben und zu feinem Pulver zerkleinern. 1 ½ EL neutrales Pflanzenöl untermischen.

Für eine Haselnussmasse die Nüsse etwas länger rösten und ohne Zugabe von Zucker im Mixer zerkleinern. 1 ½ EL Haselnussöl dazugeben.

Die Masse in eine Gefrierdose füllen und tiefkühlen.

SCHOKOLADE TEMPERIEREN

Die Schokolade in Stücke brechen. In einer Schüssel im Wasserbad schmelzen, dabei rühren, bis eine glatte Konsistenz entstanden ist. Die Temperatur mit einem Küchenthermometer überwachen: Dunkle Schokolade auf 45–50 °C, Milchschokolade und weiße Schokolade auf 45 °C erwärmen.

Die Schüssel in ein kaltes Wasserbad mit einigen Eiswürfeln stellen und die Schokolade mit einem Spatel umrühren, bis die Temperatur auf 28–29 °C gesunken ist.

Die Schüssel zurück auf das heiße Wasserbad setzen und die Schokolade unter Rühren erneut erwärmen, dabei die Temperatur überwachen: dunkle Schokolade auf 31–32 °C, weiße Schokolade und Milchschokolade auf 29–30 °C.

Wenn die richtige Temperatur erreicht ist, muss sie mithilfe des Thermometers konstant gehalten werden. Man kann die Schokolade auch kurz in den 50 °C warmen Backofen stellen. Vor der Verwendung mit einem Teigschaber glatt rühren.

Eine kleine Menge Schokolade lässt sich schwer temperieren, denn sie kühlt sehr schnell ab. Deshalb besser gleich eine größere Menge verarbeiten. Was nicht sofort verbraucht wird, lässt sich später wiederverwenden.

DIE TÖRTCHEN

GRAPEFRUIT-KUGELN

ZUTATEN FÜR 12 TÖRTCHEN

① JOCONDE-BISKUIT

1 EI

45 G MANDELN, GEMAHLEN

45 G PUDERZUCKER

90 G EIWEISS

60 G FEINER KRISTALLZUCKER

1 UNBEHANDELTE GRAPEFRUIT

40 G MEHL (TYPE 405)

② ITALIENISCHE MERINGENMASSE

100 G FEINER KRISTALLZUCKER

50 ML WASSER

60 G EIWEISS

③ MARINIERTE GRAPEFRUITS

2 ROSA GRAPEFRUITS

40 G FEINER KRISTALLZUCKER

20 ML COINTREAU®

30 G GRAPEFRUITSAFT

④ GRAPEFRUITCREME

200 G FLÜSSIGE SCHLAGSAHNE

6 G BLATTGELATINE

120 G GRAPEFRUITSAFT

25 G COINTREAU®

150 G ITALIENISCHE MERINGEN-MASSE (SIEHE SCHRITT ②)

⑤ AUFBAU

75 G GRAPEFRUITSAFT

75 G FEINER KRISTALLZUCKER

1 VANILLESCHOTE

⑥ GLASIEREN UND FERTIGSTELLEN

8 G BLATTGELATINE

250 G ERDBEERCOULIS

125 G FEINER KRISTALLZUCKER

12 STREIFEN KANDIERTE GRAPE-FRUIT (REZEPT SEITE 54)

BLATTSILBER (BEZUGSQUELLEN SEITE 242)

1 WINKELPALETTE

1 KÜCHENTHERMOMETER

2 SILIKONFORMEN FÜR HALB-KUGELN MIT JE 6 MULDEN

1 SPRITZBEUTEL MIT ODER OHNE LOCHTÜLLE

1 AUSSTECHER MIT 5 CM DURCHMESSER

1 AUSSTECHER MIT 7 CM DURCHMESSER

**ZUBEREITUNG
3 STUNDEN**

**BACKZEIT
10–12 MINUTEN**

① **JOCONDE-BISKUIT**

② **ITALIENISCHE MERINGENMASSE**

③ **MARINIERTE GRAPEFRUITS**

④ **GRAPEFRUITCREME**

⑤ **AUFBAU**

⑥ **GLASIEREN UND FERTIGSTELLEN**

Wer den Törtchen eine knusprige Note verleihen möchte, kann sie auf dünne Böden aus Butter-Mürbeteig (Rezept Seite 66) setzen, in der Größe der Halbkugeln ausgestochen und nach dem Backen mit etwas Erdbeerkonfitüre bestrichen.

① JOCONDE-BISKUIT

Den Backofen auf 200 °C vorheizen.

1 Das Ei in der Rührschüssel der Küchenmaschine bei hoher Geschwindigkeit aufschlagen.

2 Die Mandeln und den Puderzucker dazugeben. Die Küchenmaschine etwa 10 Minuten auf höchster Stufe laufen lassen.

3 So sieht die Masse zu Beginn aus.

4 Die fertige Masse soll weißschaumig sein. In eine Schüssel gießen und bei Raumtemperatur beiseitestellen.

5 Das Eiweiß in die gesäuberte Rührschüssel geben. Bei hoher Geschwindigkeit steif schlagen, dabei nach und nach den Kristallzucker einrieseln lassen. Nach 5 Minuten ist der Eischnee fertig.

6

6 Die Schale der Grapefruit abreiben.

7

7 Das Mehl sieben.

8

8 Den Eischnee zu der Eiermasse geben. Den Grapefruitabrieb hinzufügen.

9

9 Mit einem Teigschaber in kreisenden Bewegungen unterziehen, dabei die Schüssel ständig drehen.

  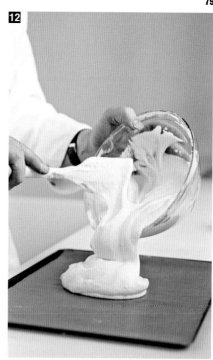

10 Das gesiebte Mehl dazugeben.

11 Sorgfältig unter die Masse heben.

12 Auf ein mit Backpapier ausgelegtes Blech geben.

13 Die Masse mit einer Winkelpalette gleichmäßig verstreichen. 10–12 Minuten backen. Bei Raumtemperatur abkühlen lassen.

14 So sieht das gewünschte Ergebnis aus.

② ITALIENISCHE MERINGENMASSE

1 In einem Topf mit schwerem Boden den Zucker mit dem Wasser verrühren und bei mittlerer Temperatur erhitzen.

2 Mit dem Küchenthermometer die Temperatur des Sirups überwachen. Sobald 110 °C erreicht sind, das Eiweiß in der Küchenmaschine aufschlagen.

3 Wenn der Sirup 120 °C heiß ist, in den Eischnee gießen, dabei unbedingt am Rand der Rührschüssel einlaufen lassen, um heiße Spritzer zu vermeiden. Weiterschlagen, bis die Masse leicht abgekühlt ist.

4 Die Italienische Meringenmasse ist fertig.

③ MARINIERTE GRAPEFRUITS

1 Die Grapefruits mit einem scharfen Messer schälen und die weiße Haut entfernen.

2 Die Fruchtfilets auslösen und zum Abtropfen auf Küchenpapier legen.

3 Jedes Filet in drei Teile schneiden und mit dem Zucker in eine Schüssel geben.

4 Cointreau® und Grapefruitsaft hinzufügen.

④ GRAPEFRUITCREME

Die Schlagsahne in eine große Schüssel gießen und steif schlagen.

1 Die Gelatine in Eiswasser einweichen.

2 Die Gelatine ausdrücken, in eine Schale geben und in der Mikrowelle oder im Wasserbad auflösen.

3 Den Grapefruitsaft und den Cointreau® unterrühren. Bei Raumtemperatur abkühlen, aber nicht erstarren lassen.

4 Die Italienische Meringenmasse unter die kalte noch flüssige Mischung ziehen (falls sie schon erstarrt ist, vorsichtig wieder erwärmen).

5 Mit dem Schneebesen gründlich durchrühren.

6 Die steif geschlagene Sahne dazugeben.

7 Mit einem Teigschaber behutsam unterheben.

⑤ AUFBAU

Den Grapefruitsaft mit dem Zucker und dem ausgeschabten Vanillemark verrühren.

1 Aus dem Joconde-Biskuit zwölf Kreise mit 5 cm Durchmesser und weitere zwölf Kreise mit 7 cm Durchmesser ausstechen.

2 Die kleinen Biskuitkreise mit einer Seite kurz in den Grapefruitsaft tauchen.

3 In die Halbkugelformen legen.

4 Die Grapefruitcreme auf den Biskuit dressieren.

5 Jeweils einen Teelöffel Grapefruitstücke daraufgeben.

6 Erneut Grapefruitcreme aufdressieren.

7 Mit der Winkelpalette glatt streichen.

8 Die Biskuitkreise mit 7 cm Durchmesser mit einer Seite kurz in den Grapefruitsaft tauchen.

9 Mit der getränkten Seite nach unten auf die Creme legen. Die Formen für mindestens 2 Stunden ins Gefrierfach stellen.

⑥ GLASIEREN UND FERTIGSTELLEN

Die Gelatine in Eiswasser einweichen, anschließend ausdrücken. In eine Schale geben und in der Mikrowelle oder im Wasserbad auflösen.

1 Die Erdbeercoulis durch ein Haarsieb auf die lauwarm abgekühlte Gelatine passieren und rasch untermischen.

2 Den Zucker dazugeben und unterrühren.

3 Die Törtchen aus dem Gefrierfach nehmen und auf ein Gitter stürzen.

4 Die Erdbeerglasur über die Törtchen gießen. Im Gefrierfach 10 Minuten erstarren lassen.

5 Die unter dem Gitter aufgefangene Glasur in eine Schale gießen. Falls nötig, leicht erwärmen und die Törtchen ein zweites Mal glasieren.

6

7

6 So sieht das gewünschte Ergebnis aus. Die Glasur 30 Minuten im Gefrierfach fest werden lassen.

7 Jedes Törtchen mit kandierter Grapefruit belegen.

8 Mit etwas Blattsilber dekorieren.

Die Törtchen mithilfe einer Palette auf ein sauberes Gitter setzen, dabei überflüssige Glasur abstreifen. Sofort servieren oder bis zu 2 Tage im Kühlschrank aufbewahren. Tiefgekühlt halten sich die Grapefruit-Kugeln 3 Wochen.

8

CHARLÖTTCHEN

ZUBEREITUNG
3 STUNDEN

BACKZEIT
10–15 MINUTEN

ZUTATEN FÜR
12 TÖRTCHEN

① FRUCHTCOCKTAIL-FÜLLUNG

3 G BLATTGELATINE

40 G MANGOPÜREE

50 G PASSIONSFRUCHTPÜREE

55 G BANANE, IN SCHEIBEN GESCHNITTEN

80 G ERDBEEREN

30 G FEINER KRISTALLZUCKER

10 G ZITRONENSAFT

② FARBIGER BISKUIT

4 EIER

120 G FEINER KRISTALLZUCKER

ORANGE SPEISEFARBE

100 G MEHL (TYPE 405)

40 G MANDELN, GEMAHLEN

30 G BUTTER, ZERLASSEN

③ MASCARPONECREME

200 ML VOLLMILCH

½ VANILLESCHOTE

75 G FEINER KRISTALLZUCKER

25 G SPEISESTÄRKE

150 G FLÜSSIGE SCHLAGSAHNE

100 G MASCARPONE

3 G BLATTGELATINE

④ KNUSPERBÖDEN

50 G KROKANTMASSE (REZEPT SEITE 72)

50 G WEISSE SCHOKOLADE

50 G WAFFELRÖLLCHEN

⑤ AUFBAU

50 G DEKORSCHNEE (BEZUGSQUELLEN SEITE 242) ODER PUDERZUCKER

1 SILIKONFORM FÜR PETITS FOURS MIT 3 CM DURCHMESSER

1 WINKELPALETTE

1 ROLLHOLZ

1 AUSSTECHER MIT 4 CM DURCHMESSER

12 DESSERTRINGE MIT 5,5 CM DURCHMESSER UND 4 CM HÖHE

1 SPRITZBEUTEL MIT ODER OHNE LOCHTÜLLE

Die Farbe des Biskuits kann beliebig variiert werden: Grün passt zu Erdbeer-, Rhabarber- und Pistazienfüllung, Rosa zu Himbeer- und Lavendelcreme, aber auch zu der Zitronenmousse-Füllung von Seite 229.

Die Mini-Charlotten halten sich 2 Tage im Kühlschrank oder in Frischhaltefolie gewickelt 3 Wochen im Gefrierfach (in diesem Fall die Törtchen erst unmittelbar vor dem Servieren fertigstellen).

---

① FRUCHTCOCKTAIL-FÜLLUNG

② FARBIGER BISKUIT

③ MASCARPONECREME

④ KNUSPERBÖDEN

⑤ AUFBAU

① FRUCHTCOCKTAIL-FÜLLUNG

Die Gelatine in Eiswasser einweichen.

1 Das Mangopüree in einen Topf füllen.

2 Das Passionsfruchtpüree hinzufügen.

3 Die Bananenscheiben dazugeben.

4 Die ganzen Erdbeeren und den Zucker hinzufügen.

5 Den Zitronensaft angießen.

6 Bei schwacher Temperatur kurz aufwallen lassen.

7 Vom Herd nehmen und mit dem Stabmixer pürieren.

8 Die abgetropfte Gelatine einrühren.

9 Die Coulis durch ein Haarsieb in eine Schüssel passieren.

10 Mithilfe eines Löffels so viel Coulis wie möglich durch das Sieb drücken.

11 In die Mulden der Petits-Fours-Form gießen. Die Form für 2 Stunden ins Gefrierfach stellen.

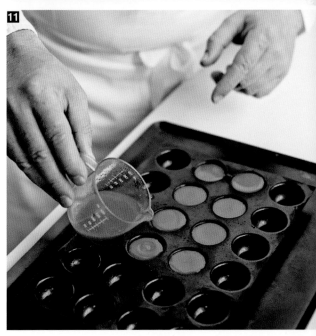

② FARBIGER BISKUIT

Den Backofen auf 180 °C vorheizen.

1 Die Eier in die Rührschüssel der Küchenmaschine geben. Den Zucker hinzufügen. Die Maschine bei hoher Geschwindigkeit 10 Minuten laufen lassen.

2 Von Hand die Speisefarbe einrühren.

3 Das mit den Mandeln gesiebte Mehl hinzufügen.

4 Mit einem Teigschaber in kreisenden Bewegungen unterziehen, dabei die Rührschüssel ständig drehen.

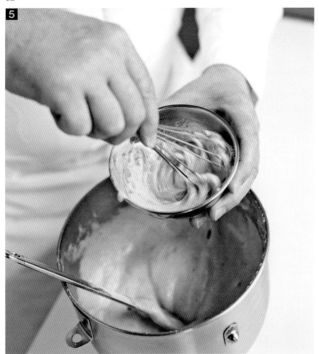

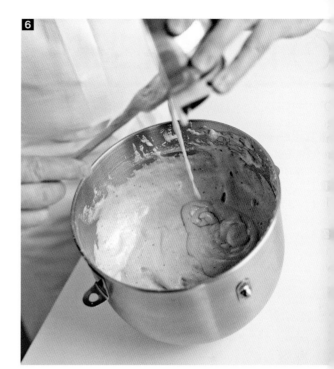

5 Etwas Biskuitmasse mit der lauwarmen flüssigen Butter verrühren.

6 Die Mischung behutsam unterheben.

7 Die Biskuitmasse auf ein 40 × 30 cm großes, mit Back-papier ausgelegtes Blech gießen (das Papier bewirkt eine glattere Oberfläche).

8 Die Masse mit einer Winkelpalette gleichmäßig bis zum Rand des Backblechs verstreichen. 10–15 Minuten im Ofen backen. Der Biskuit darf seine orange Farbe nicht verlieren.

Den fertig gebackenen Biskuit abkühlen lassen. Anschließend auf Backpapier stürzen. Leicht mit Zu-cker bestreuen, damit er nicht festklebt, dann wieder richtig herum drehen.

③ MASCARPONECREME

Die längs aufgeschnittene Vanilleschote und das ausgeschabte Mark in die kochend heiße Milch geben und mindestens 10 Minuten (besser 1 Stunde) ziehen lassen. Danach die Vanilleschote herausnehmen.

1 Die Gelatine in Eiswasser 10 Minuten einweichen, dann abtropfen lassen.

2 Auf ein kochend heißes Wasserbad setzen und 1 Minute unter Rühren auflösen. Falls die Gelatine vor ihrer Verwendung erstarrt, im Wasserbad wieder erwärmen.

3 In einer kleinen Schüssel Zucker und Speisestärke verrühren. Die lauwarm abgekühlte, aromatisierte Milch nach und nach dazugießen.

4 Mit dem Schneebesen gründlich verrühren.

5 Alles zurück in den Topf gießen

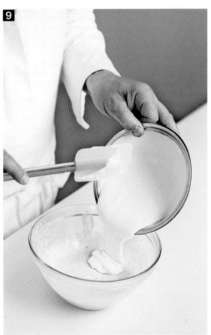

6 Wie eine Konditorcreme unter ständigem Rühren aufkochen. Beiseitestellen und von Zeit zu Zeit durchrühren, bis die Creme abgekühlt ist.

7 Die Schlagsahne mit dem Schneebesen halbsteif schlagen. Den Mascarpone dazugeben.

8 Die ausgedrückte Gelatine in die lauwarme Milchcreme rühren.

9 Einen Teil der Sahne-Mascarpone-Mischung unter die Milchcreme rühren. Anschließend den Rest dazugeben.

10 Mit einem Teigschaber gründlich verrühren, bis eine absolut glatte Konsistenz erreicht ist. Die Mascarponecreme bei Raumtemperatur beiseitestellen.

④ KNUSPERBÖDEN

1 Die nach dem Rezept Seite 72 hergestellte Krokant-masse mit der geschmolzenen weißen Schokolade verrühren.

2 Die zerstoßenen Waffelröllchen dazugeben.

3 Mit einem Teigschaber gut mischen.

4 Die Masse auf einen Bogen Backpapier streichen. Mit einem zweiten Bogen Backpapier bedecken, dann mit dem Rollholz 4 mm dick ausrollen. Für 30 Minuten ins Gefrierfach legen.

5 Herausnehmen. Das obere Backpapier abziehen, die Platte wenden und auch das zweite Backpapier entfernen. Kreise mit 4 cm Durchmesser ausstechen.

⑤ AUFBAU

1 Den Biskuit in 4 cm breite Streifen schneiden, deren Länge dem Umfang der Dessertringe entspricht. Die Ringe auf ein mit Backpapier ausgelegtes Blech stellen und mit den Biskuitstreifen auskleiden. Den restlichen Biskuit für die Fertigstellung beiseitelegen.

2 So werden die Ringe ausgekleidet.

3 Die Biskuitstreifen gegebenenfalls mit einer Schere passend schneiden.

4 So sieht das gewünschte Ergebnis aus.

5 Die Fruchtfüllung aus dem Gefrierfach nehmen.

6 Aus der Form lösen und auf Backpapier legen.

7 In jeden Dessertring einen Knusperboden legen.

8 Die Mascarponecreme halbhoch in die Ringe dressieren.

9 Die Fruchtfüllung daraufsetzen.

10 Leicht andrücken.

11 Mit einem Biskuitkreis in Größe der Fruchtfüllung bedecken.

12 Erneut etwas Mascarponecreme aufspritzen. Die Törtchen für mindestens 1 Stunde ins Gefrierfach stellen.

13 Die Törtchen aus dem Gefrierfach nehmen. Zum Auslösen die Ringe zwischen den Handflächen rollen oder mit einem kleinen Flambierbrenner leicht erwärmen. Die ausgelösten Törtchen für 30 Minuten in den Kühlschrank stellen, um Kondensatbildung zu vermeiden.

14 Von den Biskuitresten ein Stück für Würfel beiseitelegen. Den Rest zerkrümeln und durch ein feines Sieb über die Törtchen streuen, bis sie vollständig überzogen sind.

15 So sieht das gewünschte Ergebnis aus.

16 Den restlichen Biskuit in kleine Würfel schneiden und durch ein Sieb mit dem Dekorschnee bestauben.

17 Die Charlöttchen mit je einem kleinen Teelöffel der mit Zucker umhüllten Biskuitwürfel dekorieren.

18 So sieht das Innere der Törtchen aus.

ORANGEN WINDBEUTEL

ZUBEREITUNG
1 STUNDE

BACKZEIT
30 MINUTEN

Ich verwende am liebsten Navel-Orangen, denn sie haben einen exzellenten Geschmack. Einige Tropfen ätherisches Orangenöl verleihen der Creme zusätzliche Intensität.

① **KNUSPERTEIG**

② **WINDBEUTEL**

③ **ORANGEN-KONDITORCREME**

④ **FONDANTGLASUR**

⑤ **AUFBAU**

① KNUSPERTEIG

HERSTELLEN NACH DEM REZEPT **SEITE 22**

② WINDBEUTEL

DEN BRANDTEIG HERSTELLEN NACH DEM REZEPT **SEITE 58**

Den Backofen auf 180 °C vorheizen. Aus dem Brandteig Kugeln mit 5–6 cm Durchmesser auf ein beschichtetes Backblech dressieren.

1 2 Aus dem Knusperteig 5 cm große Kreise ausstechen und auf den Brandteig legen.

3 Für 30 Minuten in den Ofen schieben (dabei die Ofentür keinesfalls öffnen, sonst fällt das Gebäck zusammen). Sobald die Windbeutel fertig gebacken sind, das Blech aus dem Ofen nehmen; einige Sekunden warten, dann das Gebäck noch 3–4 Minuten im Ofen trocknen. Und so sieht das gewünschte Ergebnis aus.

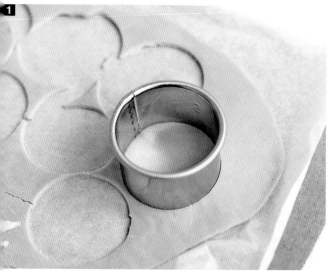

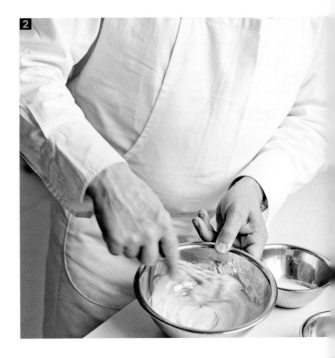

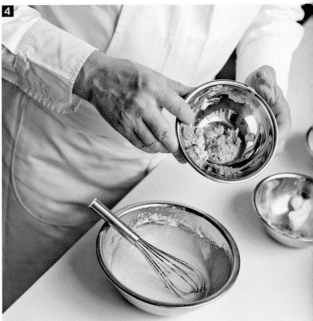

③ ORANGEN-KONDITORCREME

Die Gelatine in Eiswasser einweichen.

1 Die Orangenschale fein abreiben.

2 Eigelb, Zucker und Speisestärke in einer Schüssel verrühren.

3 Die Masse sollte homogen sein, darf aber nicht schaumig werden. Die Milch bei mittlerer Temperatur erhitzen.

4 Den Orangenabrieb in die Eigelbmasse geben.

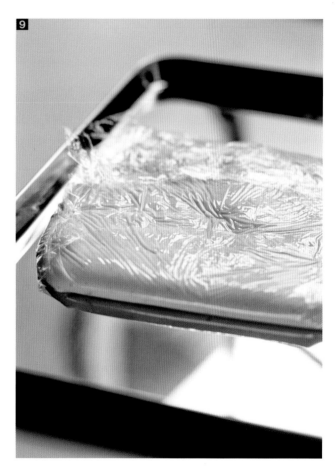

5 Ein Drittel der heißen Milch zur Eigelbmasse gießen und gründlich unterrühren.

6 Die Mischung zu der restlichen Milch in den Topf gießen und unter kräftigem Rühren erhitzen.

7 Sobald die Creme eindickt, vom Herd nehmen.

8 Die Butter und die ausgedrückte Gelatine sorgfältig unterziehen.

9 Die fertige Creme auf Frischhaltefolie gießen und vollständig darin einschlagen, damit sich keine Haut bildet. 1 Stunde im Kühlschrank abkühlen lassen.

④ FONDANTGLASUR

Den weißen Fondant mit der Hälfte des Wassers bei mittlerer Temperatur auf 30–35 °C erwärmen. Falls der Fondant zu dickflüssig ist, etwas mehr Wasser zugeben.

1 Die Speisefarbe sorgfältig untermischen.

2 So sieht das gewünschte Ergebnis aus.

⑤ AUFBAU

Die Konditorcreme in eine Schüssel füllen und kräftig durchrühren, damit sie glatt und geschmeidig wird. In einen Spritzbeutel mit 5-mm-Tülle füllen.

1 Die Windbeutel mit der Lochtülle von unten anstechen, dann mit der Konditorcreme füllen.

2 Einen Spritzbeutel mit feiner Lochtülle mit der Fondantglasur füllen und einen dünnen Streifen über die Mitte der Windbeutel ziehen. Mit etwas Blattgold dekorieren.

Vor dem Servieren die Glasur aushärten lassen.

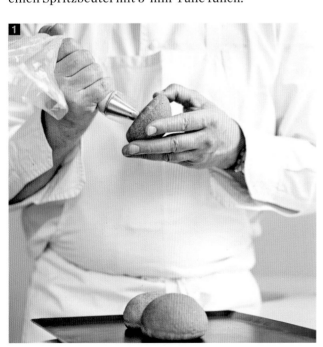

① **KNUSPERTEIG**
(REZEPT SEITE 22)

② **ECLAIRS**
500 G BRANDTEIG (REZEPT SEITE 58)

③ **KARAMELL**
200 G FEINER KRISTALL-ZUCKER
100 G FLÜSSIGE SCHLAG-SAHNE

④ **KARAMELL-KONDITOR-CREME**
3 EIGELB
30 G FEINER KRISTALLZUCKER
40 G SPEISESTÄRKE
450 ML VOLLMILCH
1 VANILLESCHOTE
225 G KARAMELL (SIEHE SCHRITT ②)

⑤ **AUFBAU**
200 G FEINER KRISTALL-ZUCKER
1 TROPFEN ZITRONENSAFT
1 PRISE FLEUR DE SEL

1 SPRITZBEUTEL MIT 4-MM-LOCHTÜLLE

KARAMELL ECLAIRS

ZUBEREITUNG	BACKZEIT
1 STUNDE	**25–30 MINUTEN**

Die Eclairs können im Voraus gebacken und gefüllt werden, die Karamelltropfen aber erst im allerletzten Moment vor dem Servieren dazugeben.

① **KNUSPERTEIG**

② **ECLAIRS**

③ **KARAMELL**

④ **KARAMELL-KONDITORCREME**

⑤ **AUFBAU**

① KNUSPERTEIG

HERSTELLEN NACH DEM REZEPT **SEITE 22**

② ECLAIRS

BRANDTEIG HERSTELLEN NACH DEM REZEPT **SEITE 58**

Den Backofen auf 180 °C vorheizen.

1 Den Brandteig in 14 cm langen Streifen auf ein beschichtetes Blech dressieren.

2 Mit passend zugeschnittenen Streifen aus Knusperteig belegen und 25–30 Minuten backen.

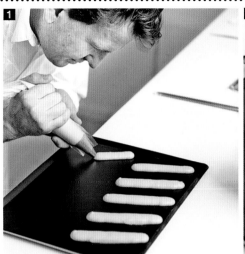
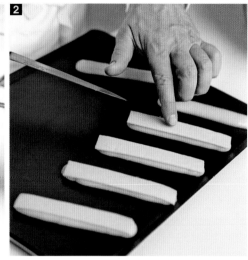

③ KARAMELL

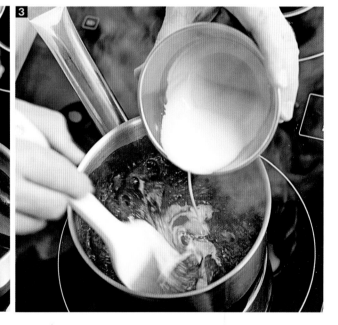

1 Den Zucker in einem Topf mit schwerem Boden bei mittlerer Temperatur trocken schmelzen, bis er sich braun verfärbt.

2 Diesen Bräunungsgrad soll der Zucker erreichen.

3 Die Sahne einige Sekunden in der Mikrowelle oder in einem kleinen Topf auf dem Herd erwärmen. In drei Portionen auf den Karamell gießen und jeweils mit einem Silikonspatel unterrühren. Anschließend bei mittlerer Temperatur etwa 10 Sekunden erhitzen, bis der Karamell schön cremig ist. Beiseitestellen.

④ KARAMELL-KONDITORCREME

1 Eigelb, Zucker und Speisestärke in einer Schüssel kräftig verrühren, aber nicht schaumig schlagen.

2 Die Milch mit der längs aufgeschnittenen Vanilleschote und dem ausgeschabten Mark bei mittlerer Temperatur zum Kochen bringen. Ein Drittel der Milch unter kräftigem Rühren in die Eigelbmasse gießen.

3 Zu der restlichen Milch in den Topf geben.

4 Den Karamell unterrühren und bei mittlerer Temperatur erhitzen ...

5 ... und dabei kräftig rühren, bis die Creme eindickt.

Eine flache Schale mit Frischhaltefolie auskleiden. Die Konditorcreme 2 cm hoch hineingießen und die Folie darüberschlagen, damit sich keine Haut bildet. Die fertige Creme für 1 Stunde in den Kühlschrank stellen.

⑤ AUFBAU

1 Mit einer Lochtülle in jeden Eclair von unten zwei Löcher stechen. Die Karamellcreme in einen Spritzbeutel mit Lochtülle füllen und großzügig in die Eclairs spritzen.

2 Den Zucker in einem Topf mit dem Zitronensaft verrühren und bei mittlerer Temperatur zu braunem Karamell kochen. Das Salz hinzufügen. Kleine Karamelltropfen auf ein antihaftbeschichtetes Backblech gießen. Etwas Karamell warm stellen.

3 Die abgekühlten Karamelltropfen mit einem Messer vom Blech lösen, einen Tupfer Karamell daraufgeben und auf die Eclairs setzen. Jedes Eclair mit vier Karamelltropfen dekorieren.

ERDBEER ECLAIRS

ZUTATEN FÜR
10 ECLAIRS
VON 14 CM LÄNGE

① PASSIONSFRUCHTCREME

5 G BLATTGELATINE

225 G PASSIONSFRUCHTPÜREE (TIEFGEKÜHLT)

3 EIER

175 G FEINER KRISTALLZUCKER

225 G BUTTER, IN STÜCKE GESCHNITTEN

② ECLAIRS

500 G BRANDTEIG (REZEPT SEITE 58)

100 G BLANCHIERTE MANDELN

250 G ERDBEEREN

PUDERZUCKER

③ CHANTILLY-SAHNE

400 G CHANTILLY-SAHNE (REZEPT SEITE 71)

④ AUFBAU

150 G EXOTISCHE MARMELADE (REZEPT SEITE 70)

1 KÜCHENTHERMOMETER

1 SPRITZBEUTEL

1 LOCHTÜLLE 8 MM

1 STERNTÜLLE 8 MM

ZUBEREITUNG
1 STUNDE

BACKZEIT
25–30 MINUTEN

Anstelle der Passionsfruchtcreme eignet sich auch eine mit Pistazienmasse (Rezept Seite 73) angereicherte Konditorcreme oder eine Limettencreme. Für Letztere das Passionsfruchtpüree einfach durch die gleiche Menge Limettensaft ersetzen.

① PASSIONSFRUCHTCREME

② ECLAIRS

③ CHANTILLY-SAHNE

④ AUFBAU

① PASSIONSFRUCHTCREME

Die Gelatine in Eiswasser einweichen.

1 Das Passionsfruchtpüree in einen Topf geben.

2 Eier und Zucker hinzufügen. Bei mittlerer Temperatur unter ständigem Rühren mit dem Schneebesen auf 85 °C erhitzen. Den Topf von der Kochstelle nehmen, die ausgedrückte Gelatine und anschließend die Butter unter die Creme ziehen.

3 Die Creme in einen Mixbecher gießen.

4 Mit dem Stabmixer 1 Minute glatt pürieren, dabei das Gerät ruhig halten.

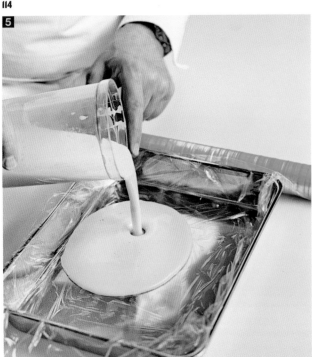

5 Eine flache Schale mit Frischhaltefolie auskleiden. Die Passionsfruchtcreme 2 cm hoch hineingießen und die Folie darüberschlagen, damit sich keine Haut bildet. Im Kühlschrank 1 Stunde abkühlen lassen.

② ECLAIRS

DEN BRANDTEIG HERSTELLEN NACH DEM REZEPT SEITE 58.

1 Den Backofen auf 180 °C vorheizen. Den Brandteig in 14 cm langen Streifen auf ein Backblech dressieren.

2 Die Mandeln mit einem Messer in Stifte schneiden.

❸ Die Teigstreifen mit den Mandeln bestreuen und leicht mit Puderzucker überstauben. 25–30 Minuten backen.

4 Die Eclairs abkühlen lassen.

③ CHANTILLY-SAHNE   HERSTELLEN NACH DEM REZEPT **SEITE 71**

④ AUFBAU

Die Passionsfruchtcreme mit einem Spatel glatt rühren. In einen Spritzbeutel mit Sterntülle füllen.

1 Das obere Drittel der Eclairs mit einem Sägemesser waagerecht abschneiden. Auf die unteren Teile etwas von der Marmelade geben.

2 Einen Streifen Passionsfruchtcreme aufspritzen.

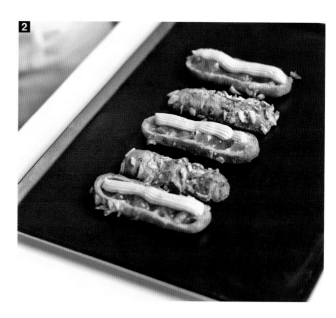

3 Jeweils drei Erdbeerhälften daraufsetzen.

4 Die Chantilly-Sahne in einen Spritzbeutel mit Stern tülle füllen und aufdressieren. Die Deckel auf die Ec lairs legen und mit Puderzucker bestauben.

FLEUR DE SEL

ZUTATEN FÜR ETWA 15 TÖRTCHEN

① KARAMELLFÜLLUNG

2 G BLATTGELATINE

180 G FLÜSSIGE SCHLAG-SAHNE

½ VANILLESCHOTE

45 G FEINER KRISTALL-ZUCKER

45 G EIGELB

② KNUSPRIGER MANDELBISKUIT
(REZEPT SEITE 70)

③ WEICHER KARAMELL

60 G FEINER KRISTALL-ZUCKER

⅛ VANILLESCHOTE

25 G FLÜSSIGE SCHLAG-SAHNE

1 G FLEUR DE SEL

40 G BUTTER

④ SCHOKOLADEN-MOUSSE

110 G DUNKLE SCHOKO-LADE (70 % KAKAOANTEIL)

225 + 45 G FLÜSSIGE SCHLAGSAHNE

45 ML MILCH

45 G EIGELB

45 G FEINER KRISTALL-ZUCKER

⑤ STREUSEL

50 G BUTTER

50 G ZUCKER

50 G MANDELN, GEMAHLEN

50 G MEHL (TYPE 405)

1 PRISE SALZ

GERIEBENE TONKA-BOHNE

GEMAHLENER ZIMT

⑥ AUFBAU

FLEUR DE SEL

100 G MILCHSCHOKO-LADE

1 KÜCHENTHERMO-METER

1 SILIKONFORM FÜR HALBKUGELN MIT 3 CM DURCHMESSER

1 SILIKONFORM FÜR HALBKUGELN MIT 6 CM DURCHMESSER

1 AUSSTECHER MIT 6 CM DURCHMESSER

1 HARTPLASTIKFOLIE

1 WINKELPALETTE

1 SPRITZBEUTEL

1 LOCHTÜLLE 8 MM

ZUBEREITUNG
2 STUNDEN

GARZEIT
1 STUNDE 15

① KARAMELLFÜLLUNG

② KNUSPRIGER MANDELBISKUIT

③ WEICHER KARAMELL

④ SCHOKOLADENMOUSSE

⑤ STREUSEL

⑥ AUFBAU

Ich habe herausgefunden, dass etwas Tonkabohne den Streuseln eine ausgesprochen originelle Note verleiht. Die Fleur-de-Sel-Törtchen halten sich 2–3 Tage im Kühlschrank oder 3–4 Wochen im Gefrierfach (in diesem Fall erfolgt die Fertigstellung erst kurz vor dem Verzehr). Die Törtchen sind eine Spezialität der Patisserie »Oppé«, die bereits seit 1912 im elsässischen Mutzig existiert.

① KARAMELLFÜLLUNG

Die Gelatine in Eiswasser einweichen. Die Sahne mit der Vanilleschote und dem ausgeschabten Mark aufkochen und ziehen lassen.

1 Den Zucker in einen Topf mit schwerem Boden geben und bei mittlerer Temperatur erhitzen.

2 Sobald der Zucker geschmolzen ist und sich goldbraun verfärbt hat, die Sahne unterrühren.

3 Das Eigelb verquirlen.

4 Das Eigelb mit etwas Karamellsahne verrühren.

5 Zurück in den Topf gießen. Unter Rühren auf 80 °C erhitzen.

6 Die Creme durch ein Sieb passieren.

7 Die ausgedrückte Gelatine einrühren.

8 Die Silikonform mit den kleineren Mulden auf ein Backblech stellen und die Karamellcreme hinein-gießen. Mit dem Blech ins Gefrierfach stellen.

② KNUSPRIGER MANDELBISKUIT HERSTELLEN NACH DEM REZEPT **SEITE 70**

Aus dem fertigen Biskuit Kreise mit 6 cm Durchmesser ausstechen.

---

③ WEICHER KARAMELL

1 Den Zucker in einen Topf mit schwerem Boden geben und bei mittlerer Temperatur erhitzen.

2 Wenn sich der geschmolzene Zucker goldbraun färbt, die längs aufgeschnittene Vanilleschote und das ausgeschabte Mark dazugeben.

3 Die Sahne unter behutsamem Rühren mit dem Teigschaber einfließen lassen und den Karamell glatt rühren. Wenn er die Sahne vollständig aufgenommen hat, die Temperatur prüfen: Der Karamell soll auf 106 °C erhitzt werden. Fleur de Sel dazugeben.

4 Sobald 106 °C erreicht sind, den Topf von der Kochstelle nehmen und die in Stücke geschnittene Butter
unterrühren.

5 So sieht die gewünschte Konsistenz aus.

6 Den Karamell zum Abkühlen in eine Schüssel gießen und in den Kühlschrank stellen, damit er fest wird
(etwa 30 Minuten).

④ SCHOKOLADENMOUSSE

Die Schokolade fein hacken, in eine Schüssel geben und im Wasserbad anschmelzen; die noch festen Bestandteile schmelzen später durch die Zugabe der heißen Creme. 225 g Sahne steif schlagen.

1 Die Milch und 45 g flüssige Sahne in einen Topf gießen und bei mittlerer Temperatur erhitzen.

2 Eigelb und Zucker mit einem Schneebesen verrühren, aber nicht schaumig schlagen. Die Mischung in die heiße Flüssigkeit gießen.

3 Unter kräftigem Rühren mit dem Schneebesen auf 80 °C erhitzen, dann von der Kochstelle nehmen.

4 Die fertige Creme durch ein Sieb auf die angschmolzene Schokolade gießen.

5 Mit einem Teigschaber rasch mit der Schokolade vermischen, bis die Masse homogen ist.

6 Sobald die Schokoladencreme auf 35 °C abgekühlt ist, etwas geschlagene Sahne dazugeben.

7 Rasch unterrühren.

8 Die restliche Sahne hinzufügen und vorsichtig unterheben.

9 Die Schokoladenmousse ist fertig. Bei Raumtemperatur beiseitestellen.

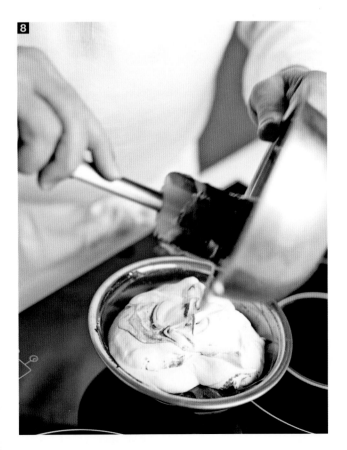

⑤ STREUSEL

1 Die Butter, den Zucker, die gemahlenen Mandeln, das Mehl und das Salz auf die Arbeitsfläche geben.

2 Die Zutaten mit den Fingern bröselig verreiben.

3 Die Gewürze dazugeben und alles gut vermischen.

4 Aus den Streuseln kleine Häufchen formen und etwa 15 Minuten bei 180 °C backen.

⑥ AUFBAU

Die Milchschokolade temperieren wie im Rezept Seite 73 beschrieben. Ein Backblech in Raumtemperatur mit der Hartplastikfolie auslegen. Die temperierte Schokolade auf die Folie gießen und mit einer Winkelpalette gleichmäßig dünn verstreichen. Die Folie vorsichtig anheben, um die Oberfläche der Schokolade zu glätten (falls es in der Küche sehr warm ist, das Blech kurz in den Kühlschrank stellen). Der Vorgang ist auf Seite 194, Fotos 11 und 12, zu sehen.

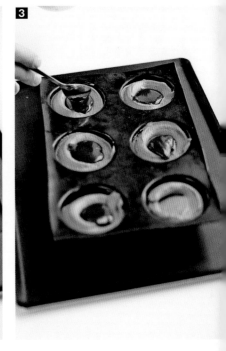

1 Die Mousse mithilfe eines Spritzbeutels mit 8-mm-Lochtülle in die Form mit den größeren Halbkugelmulden füllen.

2 Jeweils eine gefrorene Karamellcreme-Halbkugel auf die Mousse geben.

3 Die gefrorenen Halbkugeln mit jeweils einem Löffel weichem Karamell überziehen und einer Prise Fleur de Sel bestreuen.

4 Mit den passend ausgestochenen Mandelbiskuitböden bedecken.

Anschließend die Form für mindestens 2 Stunden ins Gefrierfach stellen (die Törtchen können bis zu diesem Punkt einige Tage im Voraus hergestellt werden; kurz vor dem Servieren aus dem Gefrierfach nehmen und fertigstellen).

5 Die Fleur-de-Sel-Törtchen aus den Mulden lösen und einige Minuten bei Raumtemperatur stehen lassen. Rundherum mit den Streuselhäufchen dekorieren.

6 Aus der Milchschokoladenplatte kleine Stücke brechen und rundherum in die Törtchen stecken.

KIRSCH-KIRSCH

GARZEIT
30 MINUTEN

ZUBEREITUNG
2 STUNDEN

ZUTATEN FÜR
12 TÖRTCHEN

① BISKUIT

500 G BISKUITMASSE (REZEPT SEITE 30)

② KIRSCHWASSER-SIRUP

45 ML KIRSCHWASSER

45 ML HEISSES WASSER

60 G FEINER KRISTALLZUCKER

③ MOUSSELINE-CREME MIT KIRSCH

35 ML KIRSCHWASSER

250 G KONDITORCREME (REZEPT SEITE 18)

400 G BUTTERCREME (REZEPT SEITE 14)

1 TROPFEN ROTE SPEISEFARBE

④ AUFBAU UND FERTIGSTELLUNG

350 G MARZIPAN (REZEPT SEITE 62)

EINIGE TROPFEN ROTE SPEISEFARBE (BEI SCHRITT 6 DER MARZIPANHERSTELLUNG EINARBEITEN)

ETWAS PUDERZUCKER FÜR DIE ARBEITSFLÄCHE

ETWAS BEISEITEGESTELLTE MOUSSELINE-CREME MIT KIRSCH (SIEHE SCHRITT ③)

1 AUSSTECHER MIT 6,5 CM DURCHMESSER

1 KÜCHENTHERMOMETER

10 DESSERTRINGE MIT 6,5 CM DURCHMESSER UND 3 CM HÖHE

1 SPRITZBEUTEL

1 LOCHTÜLLE 8 MM

1 WINKELPALETTE

1 AUSSTECHER MIT 8 CM DURCHMESSER

1 STERNTÜLLE 6–7 MM

Die Törtchen halten sich 3–4 Tage im Kühlschrank, in Frischhaltefolie gewickelt kann man sie 3–4 Wochen tiefkühlen (in diesem Fall erst kurz vor dem Servieren fertigstellen).

Die Törtchen sind eine Spezialität der Patisserie »Oppé« und wurden kürzlich von unserem Chefpatissier Camille Lesecq neu gestylt. Sie sind ein wahrer Genuss – mit dem vollen Aroma des Kirschwassers, dessen Alkoholgehalt sich verflüchtigt hat.

Die Törtchen im Geschäft ziert natürlich unser Firmenlogo, aber ein dünner Taler aus weißer Schokolade erfüllt denselben Zweck (eine Bezugsquelle für individuell gestaltete Logos auf Schokolade finden Sie auf Seite 242).

---

① BISKUIT   ③ MOUSSELINE-CREME MIT KIRSCH

② KIRSCHWASSER-SIRUP   ④ AUFBAU UND FERTIGSTELLUNG

① BISKUIT

ZUBEREITEN NACH DEM REZEPT **SEITE 30**

us dem fertigen Biskuit 20 Kreise mit 6,5 cm Durchmesser ausstechen.

② KIRSCHWASSER-SIRUP

▌ Den Zucker mit einem Schneebesen mit Kirschwas-
er und heißem Wasser verrühren, bis sich der Zucker
ufgelöst hat. Den Sirup bei Raumtemperatur beiseite-
tellen.

③ MOUSSELINE-CREME MIT KIRSCH

)as Kirschwasser im Wasserbad auf 30 °C erwärmen.
)ie nach dem Rezept Seite 18 hergestellte Konditor-
reme mit einem Teigschaber geschmeidig rühren. Im
Vasserbad leicht erwärmen.

▌ Das Kirschwasser zur Konditorcreme gießen.

2 Die nach dem Rezept Seite 14 hergestellte zimmerwarme Buttercreme einarbeiten.

3 Einen Tropfen rote Speisefarbe dazugeben. Falls die Creme zu fest ist, im Wasserbad leicht erwärmen.

4 So sieht das gewünschte Ergebni aus. Bei Raumtemperatur beiseite stellen.

④ AUFBAU UND FERTIGSTELLUNG

1 Die Biskuitkreise mit dem Kirschsirup tränken.

2 Die Dessertringe auf ein mit Backpapier ausgelegtes Blech stellen. In jeden Ring einen Biskuitboden legen.

3 Die Mousseline-Creme in den Spritzbeutel mit 8-mm Lochtülle füllen und jeweils 40–45 g Creme in die Rir ge dressieren.

4 Mit einem zweiten getränkten Boden abdecken.

5 Noch etwas Mousseline-Creme auf die Törtchen geben und mit der Palette glatt verstreichen.

6 So sieht das gewünschte Ergebnis aus. Für 1 Stunde
ins Gefrierfach stellen.

Die Törtchen aus dem Gefrierfach nehmen. Zum Auslö-
en die Ringe zwischen den Händen rollen oder mit einem kleinen Flambierbrenner leicht erwärmen. Die ausgelösten Törtchen für 30 Minuten in den Kühlschrank
stellen, um Kondensatbildung zu vermeiden. In der Zwi-
chenzeit das Marzipan herstellen (Rezept Seite 62).

7 Das Marzipan mit einem Rollholz 2 mm dick ausrollen, dabei mit Puderzucker bestauben.

8 In etwa 22 cm lange und 3 cm breite Streifen schneiden (passend zu Höhe und Umfang der Ringe).

9 Die Törtchen aus dem Kühlschrank nehmen. Jeweils
mit einem Marzipanstreifen umwickeln, dabei die Länge anpassen. Überstehendes Marzipan mit einer kleinen Schere wegschneiden.

10 Marzipankreise mit 8 cm Durchmesser ausstechen und auf die Törtchen legen.

11 So sieht das Ergebnis aus. Die Marzipankreise sollen etwas überstehen, wie eine Hutkrempe.

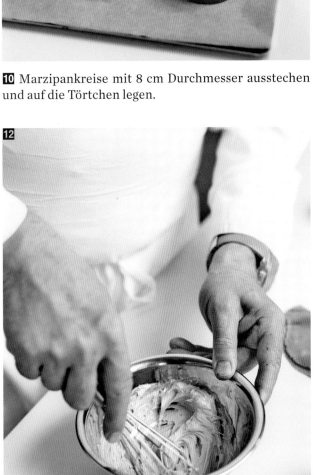

12 Die restliche Mousseline-Creme durchrühren.

13 In einen Spritzbeutel mit Sterntülle füllen und auf jedes Törtchen eine kleine Rosette dressieren.

① **DACQUOISE**

200 G EIWEISS

100 G FEINER KRISTALLZUCKER

120 G MANDELN, GEMAHLEN

65 G PUDERZUCKER

40 G MEHL (TYPE 405)

② **PISTAZIEN-MOUSSELINE-CREME**

150 G KONDITORCREME (REZEPT SEITE 18)

250 G BUTTERCREME (REZEPT SEITE 14)

45 G PISTAZIENMASSE

③ **KARAMELLISIERTE PISTAZIEN**

230 G KARAMELLISIERTE PISTAZIEN (REZEPT SEITE 50, ANSTELLE DER HASELNÜSSE PISTAZIEN VERWENDEN)

④ **AUFBAU**

DEKORSCHNEE (BEZUGSQUELLEN SEITE 242)

1 AUSSTECHER MIT 6,5 CM DURCHMESSER

8 DESSERTRINGE MIT 6,5 CM DURCHMESSER UND 3 CM HÖHE

1 SPRITZBEUTEL

1 LOCHTÜLLE 8 MM

PISTAZIEN TÖRTCHEN

ZUBEREITUNG
2 STUNDEN

GARZEIT
40 MINUTEN

Für den Dacquoise-Boden kann ein Drittel der gerösteten gemahlenen Mandeln durch die gleiche Menge gerösteter gemahlener Pistazien ersetzt werden. Wenn von dem gebackenen Boden etwas übrig bleibt, für eine andere Verwendung einfrieren.

Diese Pistazientörtchen sind eine Spezialität der berühmten Pariser Patisserie »Angelina«. Sie können 3–4 Tage im Kühlschrank aufbewahrt werden.

① DACQUOISE

② PISTAZIEN-MOUSSELINE-CREME

③ KARAMELLISIERTE PISTAZIEN

④ AUFBAU

① DACQUOISE

1 Das Eiweiß mit etwas Kristallzucker steif schlagen, dabei den restlichen Zucker nach und nach einrieseln lassen.

2 Die gemahlenen Mandeln im auf 160 °C vorgeheizten Backofen 10 Minuten rösten, bis sie goldgelb sind. Herausnehmen, Temperatur auf 180 °C einstellen.

3 Die abgekühlten gerösteten Mandeln, den Puderzucker und das Mehl auf einen Bogen Backpapier geben.

4 Mit einem Schneebesen behutsam vermengen.

5 Die Mischung zu dem Eischnee geben und mit einem Teigschaber unterheben.

6 Die Dacquoise-Masse auf ein mit Backpapier ausgelegtes Blech geben.

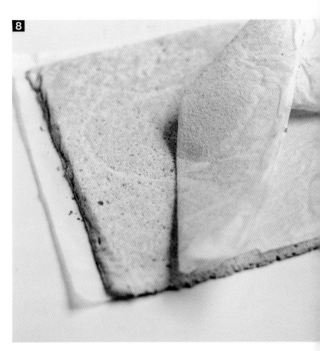

7 Die Masse mit einer Winkelpalette gleichmäßig bis zum Rand verstreichen. 15–20 Minuten bei 180 °C backen, dabei das Backblech nach der Hälfte der Zeit um 180 Grad drehen.

8 Den Boden nach dem Abkühlen auf eine mit Backpapier bedeckte Arbeitsfläche stürzen und das mitgebackene Backpapier vorsichtig abziehen.

9 10 Den Boden wenden und Kreise ausstechen.

11 Die Dessertringe auf einem mit Backpapier ausgelegten Blech verteilen. In jeden Ring einen Teigboden legen.

② PISTAZIEN-MOUSSELINE-CREME

Die nach dem Rezept Seite 18 hergestellte Konditor-creme in der Küchenmaschine bei hoher Geschwindig-keit glatt rühren.

1 Die Pistazienmasse zu der Konditorcreme geben.

2 Mit einem Teigschaber untermischen.

3 Die nach dem Rezept Seite 14 hergestellte Butter-creme hinzufügen.

4 Gründlich verrühren, bis eine glatte Konsistenz er-reicht ist. Die Creme bei Raumtemperatur beiseite-stellen.

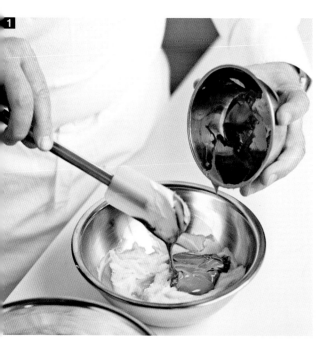

③ KARAMELLISIERTE PISTAZIEN ZUBEREITEN NACH DEM REZEPT SEITE 50

Die karamellisierten Pistazien herstellen wie in dem Rezept für Haselnüsse beschrieben.

④ AUFBAU

1 Von der Pistaziencreme einen Teil beiseitestellen. Den Rest in einen Spritzbeutel mit Lochtülle füllen und drei Viertel hoch in die Ringe dressieren.

2 Mit einem zweiten Dacquoise-Boden abdecken.

3 So sieht das Ergebnis aus. Das Blech für 1 Stunde ins Gefrierfach stellen. Zum Auslösen die Ringe mit einem kleinen Flambierbrenner erwärmen. Den Rand der ausgelösten Törtchen mithilfe einer Streichpalette mit der restlichen Creme bestreichen.

4 Die Törtchen einzeln in die Hand nehmen und die karamellisierten Pistazien mithilfe der Palette rundherum an den Rand drücken.

5 Die Oberseite der Törtchen mit etwas Dekorschnee bestauben.

ZUTATEN FÜR 8 GROSSE MACARONS

① MACARONS

320 G MACARON-MASSE (REZEPT SEITE 40)

② GRAPEFRUITS

2 ROSA GRAPEFRUITS

③ LUFTIGE MOHNBLUMENCREME

400 G KONDITORCREME (REZEPT SEITE 18)

1 G MOHNBLUMENAROMA (BEZUGSQUELLEN SEITE 242)

100 G FLÜSSIGE SCHLAGSAHNE

④ KRISTALLISIERTE BLÜTENBLÄTTER

1 UNBEHANDELTE ROSE, HELLROSA ODER ORANGE

100 G FEINER KRISTALLZUCKER

1 TROPFEN ORANGE SPEISEFARBE

1 EIWEISS

⑤ AUFBAU

50 G WEISSE SCHOKOLADE

50 G MANDELN, GEMAHLEN

10 ERDBEEREN

DEKORSCHNEE (BEZUGSQUELLEN SEITE 242)

BLATTGOLD (BEZUGSQUELLEN SEITE 242)

1 SPRITZBEUTEL

1 LOCHTÜLLE 8 MM

BLÜTENZARTE MACARONS

ZUBEREITUNG
2 STUNDEN

BACKZEIT
15–20 MINUTEN

Die Macarons können am Morgen hergestellt und bis zum abendlichen Verzehr im Kühlschrank aufbewahrt werden (30 Minuten vor dem Servieren herausnehmen). Für die kristallisierten Blütenblätter eignen sich auch Mohnblumen, falls man sie findet.

① MACARONS

② GRAPEFRUITS

③ LUFTIGE MOHNBLUMENCREME

④ KRISTALLISIERTE BLÜTENBLÄTTER

⑤ AUFBAU

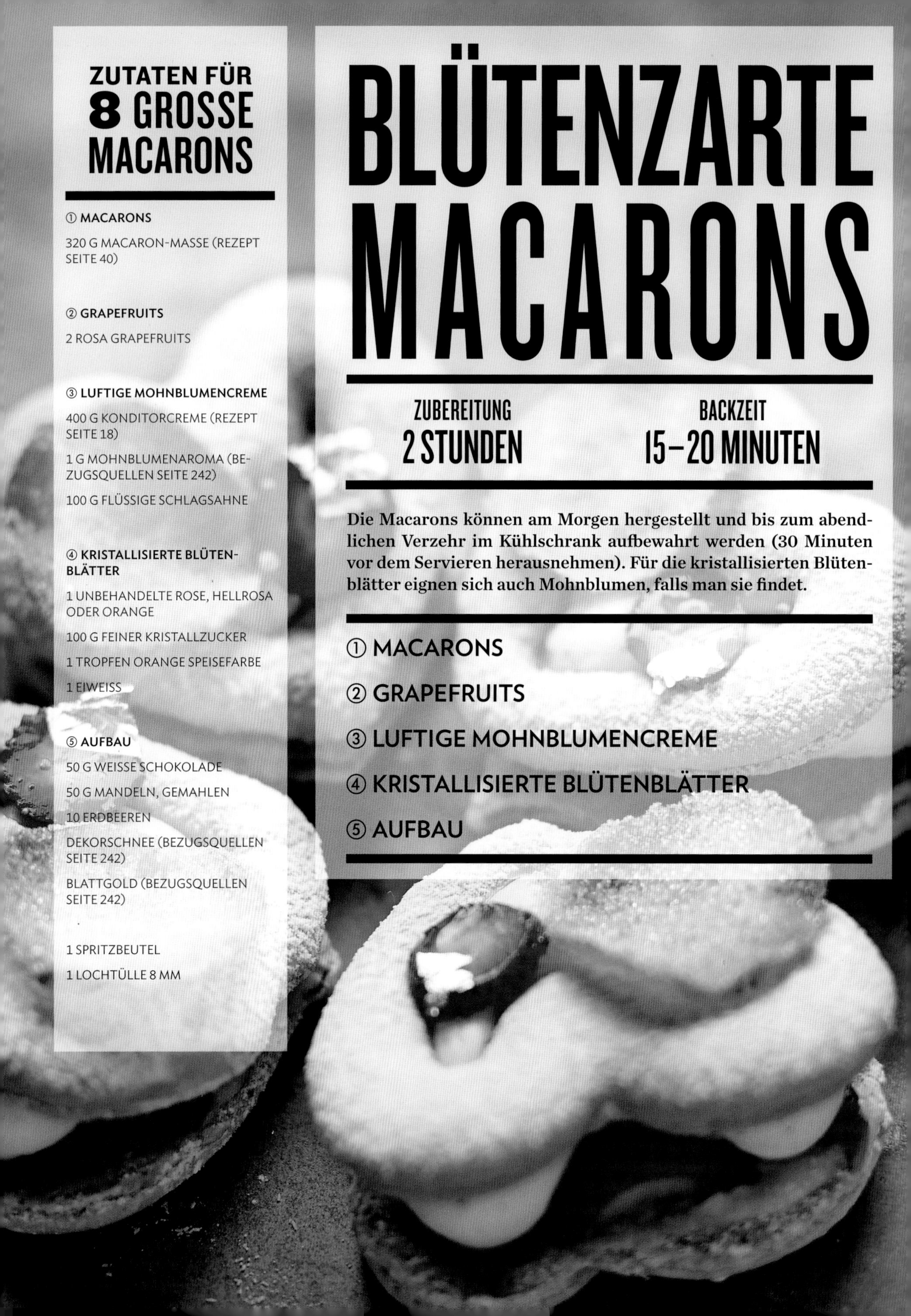

① MACARONS

Die Macaron-Masse herstellen wie im Rezept Seite 40 beschrieben und mit roter Speisefarbe einfärben. Den Backofen auf 165 °C Umluft vorheizen.

1 Die Macaron-Masse in einen Spritzbeutel mit Lochtülle füllen. Auf ein mit Backpapier ausgelegtes Blech acht ausgefüllte Herzen mit 7 cm Durchmesser dressieren. Von unten leicht gegen das Blech klopfen.

2 Auf ein zweites Backblech 8 offene Herzen mit 7 cm Durchmesser dressieren. Von unten leicht gegen das Blech klopfen.

3 Die Bleche in den Backofen schieben. Die offenen Herzen 8–10 Minuten, die ausgefüllten Herzen 15–20 Minuten backen. Die Backbleche jeweils nach der Hälfte der Backzeit um 180 Grad drehen.

Die Macarons vor dem Füllen vollständig abkühlen lassen. Umgedreht auf ein sauberes Blech legen und beiseitestellen.

② GRAPEFRUITS

1 Die Grapefruits mit einem scharfen Messer schälen und die weiße Haut vollständig entfernen.

2 Die Fruchtfilets auslösen. Sie sollten möglichst etwa gleich dick sein.

3 Auf Küchenpapier abtropfen lassen, dabei einma wenden. Bis zur weiteren Verwendung in den Kühl schrank stellen.

③ LUFTIGE MOHNBLUMENCREME

1 Die nach dem Rezept Seite 18 hergestellte Konditor-creme mit dem Schneebesen durchrühren, dann das Mohnblumenaroma dazugeben.

2 Die sehr kalte Sahne in eine große, im Gefrierfach vorgekühlte Schüssel gießen und steif schlagen. Auf die Konditorcreme geben.

3 Behutsam unterheben.

④ KRISTALLISIERTE BLÜTENBLÄTTER

1 Eine unbehandelte Rose auswählen.

2 Den Zucker mit der Speisefarbe mischen.

3 Die Blütenblätter abzupfen. Das Eiweiß in eine kleine Schale geben und den Pinsel hineintauchen. Überschüssiges Eiweiß am Schalenrand abstreifen und jedes Blütenblatt auf beiden Seiten vorsichtig bestreichen. Die Eiweißschicht soll möglichst dünn sein, damit sich der Zucker nicht auflöst.

4 Die Blütenblätter auf den eingefärbten Zucker legen und damit bestreuen, bis sie vollständig überzogen sind. Überschüssigen Zucker behutsam abschütteln. Die Blütenblätter auf ein Backblech legen und über Nacht an der Luft trocknen lassen, bis sie glashart sind. In einer Dose beiseitestellen.

1

2
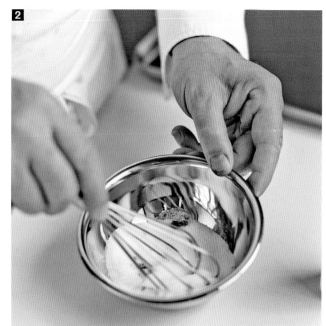

3

4

⑤ AUFBAU

1 Die weiße Schokolade schmelzen und die ausgefüllten Herzen damit bestreichen.

2 Durch ein Sieb mit den gemahlenen Mandeln bestreuen.

3 Je zwei Grapefruitfilets auf den Rand und eine halbe Erdbeere dazwischen legen.

4 Auf die Grapefruitfilets etwas Mohnblumencreme dressieren.

5 Mit den offenen Herzen abdecken, die Spitze leicht nach unten drücken. Mit Dekorschnee überstauben.

6 Mit einem Rosenblatt ...

7 ... und einem Erdbeerstückchen sowie etwas Blattgold verzieren.

ZUTATEN FÜR 7 GROSSE UND 7 KLEINE MACARONS

① MACARONS

320 G MACARON-MASSE
(REZEPT SEITE 40)

② LUFTIGE SCHOKOLADEN-CREME

100 G DUNKLE SCHOKOLADE
(60 % KAKAOANTEIL)

50 G KONDITORCREME (REZEPT
SEITE 18)

250 G FLÜSSIGE SCHLAGSAHNE

③ PASSIONSFRUCHTCREME

5 G BLATTGELATINE

225 G PASSIONSFRUCHTPÜREE
(TIEFGEKÜHLT)

3 EIER (155 G)

175 G FEINER KRISTALLZUCKER

225 G BUTTER, IN STÜCKE GE-SCHNITTEN

④ AUFBAU

35 G EXOTISCHE MARMELADE
(REZEPT SEITE 70)

50 G DUNKLE SCHOKOLADE MIT
60 % KAKAOANTEIL, TEMPERIERT
(REZEPT SEITE 73)

1 SPRITZBEUTEL

1 LOCHTÜLLE 8 MM

1 KÜCHENTHERMOMETER

1 AUSSTECHER MIT 3 CM DURCH-MESSER

1 HARTPLASTIKFOLIE

1 SPRITZTÜTE

MAYA MACARONS

ZUBEREITUNG	BACKZEIT	RUHEZEIT
50 MINUTEN	15–20 MINUTEN	1 STUNDE

Die Macarons halten sich im Kühlschrank 2 Tage. Die Creme schmeckt auch mit Milchschokolade wunderbar.

① MACARONS

② LUFTIGE SCHOKOLADENCREME

③ PASSIONSFRUCHTCREME

④ AUFBAU

① MACARONS

Die Macaron-Masse herstellen wie im Rezept Seite 40 beschrieben, dabei rote Speisefarbe und 20 g Kakaopulver einarbeiten.
Den Backofen auf 165 °C Umluft vorheizen.

1 Die Macaron-Masse in einen Spritzbeutel mit Lochtülle füllen. Backbleche mit Backpapier auslegen und Kreise mit 7 cm Durchmesser aufzeichnen. 14 Macarons auf die Kreise dressieren. Zusätzlich sieben kleine Schalen für die Dekoration aufspritzen.

2 Von unten leicht gegen die Bleche klopfen.

3 Die Macarons 15–20 Minuten backen. Die Backbleche nach der Hälfte der Backzeit um 180 Grad drehen.

Die Macarons vor dem Füllen vollständig abkühlen lassen. Umgedreht auf ein Blech legen und beiseitestellen.

② LUFTIGE SCHOKOLADENCREME

1 Die Schokolade im Wasserbad bei 35 °C schmelzen. Die auf 30 °C erwärmte Konditorcreme unterrühren.

2 Die Sahne steif schlagen und zu der Schokoladen-Konditorcreme geben.

3 Mit einem Teigschaber die Sahne rasch unterheben Die Creme bei Raumtemperatur beiseitestellen.

③ PASSIONSFRUCHTCREME

Die Gelatine in Eiswasser einweichen.

1 Das Passionsfruchtpüree in einen Topf geben.

2 Eier und Zucker hinzufügen. Bei mittlerer Temperatur unter ständigem Rühren mit einem Schneebeser auf 85 °C erhitzen. Vom Herd nehmen, zuerst die ausgedrückte Gelatine, dann die Butter unterziehen.

3 Die Creme in einen Mixbecher gießen.

4 Mit dem Stabmixer 1 Minute glatt pürieren, dabei das Gerät ruhig halten.

5 Eine flache Schale mit Frischhaltefolie auskleiden. Die Creme 2 cm hoch hineingießen und die Folie darüberschlagen, damit sich keine Haut bildet.

6 Die Creme für 1 Stunde ins Gefrierfach stellen. Aus der Schale heben und Kreise mit 3 cm Durchmesser ausstechen.

④ AUFBAU

1 Auf sieben große Macaron-Schalen jeweils einen Kreis aus Passionsfruchtcreme legen.

2 Die Schokoladenmousse in einen Spritzbeutel mit Lochtülle füllen und hohe Tupfen auf den Rand dieser Schalen dressieren.

3 Etwas Marmelade auf die Passionsfrucht-creme geben.

4 Die zweite Macaron-Schale darauflegen.

5 Für das Dekor die temperierte Schokolade in eine Spritztüte fül-len und Taler auf die Hartplastikfolie spritzen. Die kleinen Maca-rons darauflegen. Bei Raumtemperatur 20 Minuten abkühlen las-sen, dann zum Aushärten in den Kühlschrank stellen.

Mit der Schokoladenseite nach oben mit etwas flüssiger Schokola-de auf den Macarons befestigen.

① **MACARONS**

320 G MACARON-MASSE
(REZEPT SEITE 40)

② **ANANAS-MOUSSELINE-CREME**

50 ML MILCH

½ VANILLESCHOTE

80 G ZUCKER

200 G ANANASPÜREE

3 EIGELB

20 G SPEISESTÄRKE

120 G BUTTER

120 G FLÜSSIGE SCHLAGSAHNE

③ **ANANAS**

½ ANANAS

40 G HELLER ROH-ROHRZUCKER

SAFT VON ½ LIMETTE

SAFT VON 1 PASSIONSFRUCHT

④ **AUFBAU**

GELBER DEKORZUCKER (BEZUGS-QUELLEN SEITE 242)

1 SPRITZBEUTEL

1 LOCHTÜLLE 8 MM

ANANAS MACARONS

ZUBEREITUNG **2 STUNDEN**	BACKZEIT **15–20 MINUTEN**	RUHEZEIT **30 MINUTEN**

Zum Aromatisieren der Ananaswürfel zusammen mit dem Passionsfruchtsaft etwas pürierte Banane und Orangen-abrieb zugeben.
Damit der Dekorzucker besser haftet, kann man die Maca-rons dünn mit Aprikosengelee bestreichen.

① MACARONS

② ANANAS-MOUSSELINE-CREME

③ ANANAS

④ AUFBAU

① MACARONS

Die Macaron-Masse herstellen wie im Rezept Seite 40 beschrieben, dabei etwas gelbe und eine Spur rote Speisefarbe einarbeiten.
Den Backofen auf 165 °C Umluft vorheizen.

1 Die Macaron-Masse in einen Spritzbeutel mit Lochtülle füllen. Backbleche mit Backpapier auslegen und Kreise mit 7 cm Durchmesser aufzeichnen.

2 Die Macaron-Masse auf die Kreise dressieren.

3 Von unten leicht gegen die Bleche klopfen.

Die Bleche für 15–20 Minuten in den Ofen schieben, dabei nach der Hälfte der Backzeit um 180 Grad drehen.

Die Macarons vor dem Füllen vollständig abkühlen lassen. Die Schalen umgedreht auf einem Backblech auslegen.

② ANANAS-MOUSSELINE-CREME

1 Die Milch in einem Topf bei mittlerer Temperatur erhitzen.

2 Die längs aufgeschnittene Vanilleschote und das herausgeschabte Mark in die Milch geben.

3 Die Hälfte des Zuckers ...

4 ... und das Ananaspüree dazugeben.

5 In einer Schale Eigelb und Speisestärke mit dem Schneebesen gründlich verrühren.

6 Den restlichen Zucker hinzufügen und sorgfältig unterrühren.

7 Sobald die Milch aufkocht, mit dem Schneebesen unter die Ananas-Eigelb-Masse rühren. Anschließend alles zurück in den Topf gießen.

8 Bei mittlerer Temperatur unter ständigem Rühren mit dem Schneebesen aufkochen und 5 Sekunden kochen lassen, bis die Creme eindickt. Den Topf vom Herd ziehen. 50 g Butterstücke mit dem Schneebesen unterziehen.

9 Die Creme in eine mit Frischhaltefolie ausgelegte Schale gießen und nach dem Abkühlen mit der Folie bedecken.

Die Ananascreme für 30 Minuten in den Kühlschrank stellen.

10

10 Restliche Butter im Wasserbad weich werden lassen und in die Rührschüssel der Küchenmaschine geben.

11

11 Bei hoher Geschwindigkeit aufschlagen, dann die abgekühlte Creme einarbeiten.

12

12 Anschließend die Sahne bei hoher Geschwindigkeit steif schlagen (die Frischhaltefolie dient hier als Spritzschutz).

13

13 Die geschlagene Sahne unter die Creme heben.

③ ANANAS

■ Die Ananas schälen und in Scheiben schneiden.

■ In Würfel von 1 cm Seitenlänge teilen.

■ Den Roh-Rohrzucker in einem Topf bei mittlerer Temperatur schmelzen.

■ Ananaswürfel, Limetten- und Passionsfruchtsaft dazugeben und etwa 2 Minuten köcheln lassen.

■ Die Ananaswürfel zum Abkühlen in eine Schale geben und in den Kühlschrank stellen.

④ AUFBAU

1 Die Mousseline-Creme in einen Spritzbeutel mit Lochtülle füllen und hohe Tupfen auf den Rand von acht Macaron-Schalen dressieren. Einige Ananaswürfel in die Mitte setzen.

2 Etwas Mousseline-Creme auf die restlichen Schalen spritzen.

3 Die Schalen auf die Füllung setzen.

4 Die Macarons mit dem Dekorzucker bestreuen.

ZUTATEN FÜR **8 GROSSE MACARONS**

① MACARONS

320 G MACARON-MASSE
(REZEPT SEITE 40)

② KONDITORCREME MIT LITSCHILIKÖR

450 G KONDITORCREME
(REZEPT SEITE 18)

15 G SOHO® (LITSCHI-LIKÖR)

1 TL HIMBEERSIRUP

100 G SAHNE, GESCHLAGEN

③ AUFBAU

500 G HIMBEEREN

8 ESSBARE SILBERPERLEN
(BEZUGSQUELLEN SEITE 242)

1 SPRITZBEUTEL

1 LOCHTÜLLE 8 MM

MACARONS SOHO®

ZUBEREITUNG	BACKZEIT	RUHEZEIT
50 MINUTEN	15–20 MINUTEN	1 STUNDE

Eine vereinfachte, mit Konditorcreme hergestellte Variante des berühmten »Isphahan« von Pierre Hermé – und schon seit Langem eine Spezialität der Patisserie »Oppé«. Auf der Basis dieses Rezepts können auch grüne Macarons mit Limettencreme hergestellt werden. Dafür die Macarons mit blauer und gelbe Speisefarbe hellgrün einfärben. Für die Creme 15 g Limettensaft und die fein abgeriebene Schale einer unbehandelten Limette unter die Konditorcreme rühren. Die Macarons mit der Creme füllen und ausgelöste, in kleine Würfel geschnittene Limettenfilets in die Mitte geben.

① MACARONS

② KONDITORCREME MIT LITSCHI-LIKÖR

③ AUFBAU

① MACARONS

Die Macaron-Masse herstellen wie im Rezept Seite 40 beschrieben, dabei rote Speisefarbe verwenden. Den Backofen auf 165 °C Umluft vorheizen.

❶ Die Macaron-Masse in einen Spritzbeutel mit Lochtülle füllen. Backbleche mit Backpapier auslegen und Kreise mit 7 cm Durchmesser aufzeichnen. 16 Macarons auf die Kreise dressieren.

❷ Von unten leicht gegen die Bleche klopfen.

❸ So sieht das gewünschte Ergebnis aus.

Die Macarons 25–30 Minuten backen, dabei die Bleche nach der Hälfte der Backzeit um 180 Grad drehen.

Die Macaron-Schalen vor dem Füllen vollständig abkühlen lassen. Umgedreht auf einem Backblech verteilen.

② KONDITORCREME MIT LITSCHI-LIKÖR

1 Die nach dem Rezept Seite 18 hergestellte Konditorcreme aus dem Kühlschrank nehmen und gut durchrühren. Den Likör dazugießen.

2 3 Den Himbeersirup hinzufügen und alles noch einmal gut durchrühren. Zum Schluss 100 g geschlagene Sahne unterheben.

③ AUFBAU

Die Konditorcreme in einen Spritzbeutel mit Lochtülle füllen. Etwas Creme in die Mitte von acht Macaron-Schalen spritzen.

1 Die Himbeeren dicht an dicht auf den Rand der Schalen und eine in die Mitte auf die Creme setzen. Auf die restlichen acht Schalen etwas Creme spritzen. Vorsichtig auf die Himbeeren legen.

Die Macarons mit jeweils drei Himbeeren und einer Silberperle dekorieren.

ZUTATEN FÜR 12 TÖRTCHEN

① GELIERTE DUNKLE BEEREN

120 G HEIDELBEEREN, FRISCH ODER TIEFGEKÜHLT

120 G BROMBEEREN, FRISCH ODER TIEFGEKÜHLT

50 G FEINER KRISTALLZUCKER

1 PÄCKCHEN VANILLEZUCKER

2 G PEKTIN

② JOCONDE-BISKUIT

1 EI

45 G MANDELN, GEMAHLEN

45 G PUDERZUCKER

90 G EIWEISS

60 G FEINER KRISTALLZUCKER

40 G MEHL (TYPE 405)

③ FRISCHKÄSECREME

100 G FEINER KRISTALLZUCKER

50 ML WASSER

300 G FLÜSSIGE SCHLAGSAHNE

3 BLATT GELATINE

2 EIGELB

1 UNBEHANDELTE ZITRONE

250 G FRISCHKÄSE

1 EL ZITRONENSAFT

④ AUFBAU

60 G FEINER KRISTALLZUCKER

100 ML WASSER

10 ML KIRSCHWASSER

⑤ FERTIGSTELLUNG

400 G CHANTILLY-SAHNE (REZEPT SEITE 71)

EINIGE ROTE JOHANNISBEEREN

1 KÜCHENTHERMOMETER

1 STREICHPALETTE

12 AUSSTECHER IN BELIEBIGER FORM (MIT ETWA 6 CM DURCH-MESSER)

1 SPRITZBEUTEL

1 LOCHTÜLLE 6–8 MM

MONT D'OR

ZUBEREITUNG	BACKZEIT
2 STUNDEN	**10–12 MINUTEN**

Wer mag, bestaubt die Törtchen zum Schluss mit etwas Dekorschnee (Bezugsquellen Seite 242), einem speziellen Puderzucker, der auch auf feuchtem Untergrund nicht schmilzt.

① GELIERTE DUNKLE BEEREN

② JOCONDE-BISKUIT

③ FRISCHKÄSECREME

④ AUFBAU

⑤ FERTIGSTELLUNG

① GELIERTE DUNKLE BEEREN

1 Die tiefgekühlten Beeren in einer Schüssel auftauen lassen.

2 In einem Topf bei niedriger Temperatur auf 40–50 °C erhitzen. Beide Zucker, Vanillezucker und Pektin vermengen und dazugeben. Zum Kochen bringen.

3 Eine Gelierprobe machen. Dazu etwas Fruchtmasse auf einen im Gefrierfach vorgekühlten Teller geben. Sie sollte rasch gelieren.

② JOCONDE-BISKUIT

Den Backofen auf 200 °C vorheizen.

1 Das Ei in der Rührschüssel der Küchenmaschine bei hoher Geschwindigkeit aufschlagen.

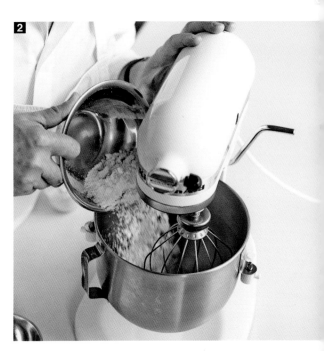

2 Die Mandeln und den Puderzucker dazugeben. Weitere 10 Minuten auf höchster Stufe schlagen.

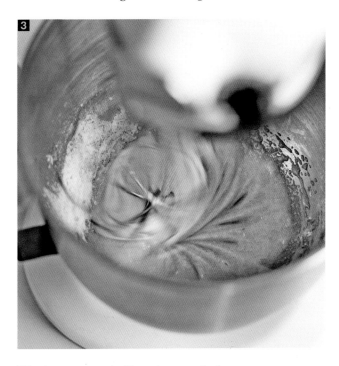

3 Die Zutaten sind bereits vermischt.

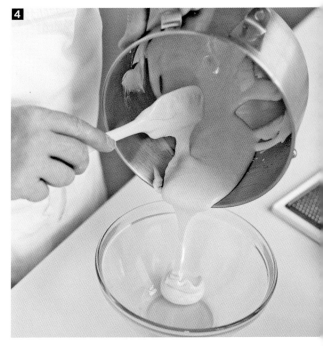

4 Weiterschlagen, bis die Masse weißschaumig ist. In eine Schüssel gießen und bei Raumtemperatur beiseitestellen.

5 Das Eiweiß in die gesäuberte Rührschüssel der Küchenmaschine geben. Bei hoher Geschwindigkeit steif
chlagen, dabei den Kristallzucker nach und nach ein-
ieseln lassen. Nach 5 Minuten ist der Eischnee fertig.

6 Das Mehl sieben.

7 Den Eischnee auf die Eigelbmasse geben.

8 Mit einem Teigschaber in kreisenden Bewegungen
unterziehen, dabei die Schüssel ständig drehen.

9 Das gesiebte Mehl dazugeben.

10 Sorgfältig unterheben.

11 Die Masse auf ein mit Backpapier ausgelegtes Blech geben.

12 Mit der Palette gleichmäßig verstreichen. 10–12 Minuten backen. Bei Raumtemperatur abkühlen lassen.

13 So sieht das gewünschte Ergebnis aus.

③ FRISCHKÄSECREME

In einem Topf den Zucker mit dem Wasser bei mittlerer Temperatur auf 120 °C erhitzen. Die gekühlte Sahne steif schlagen.

1 Die Gelatine in Eiswasser einweichen.

2 Das Eigelb in die Rührschüssel der Küchenmaschine geben und bei hoher Geschwindigkeit aufschlagen. Den heißen Zuckersirup einlaufen lassen und gut 5 Minuten weiterschlagen.

3 In der Zwischenzeit ¼ der Zitronenschale in den Frischkäse reiben.

4 Die Gelatine ausdrücken und in einer Schüssel in der Mikrowelle oder im Wasserbad auflösen. Den Zitronensaft dazugeben.

5

5 Die aufgelöste Gelatine zu der Eigelbmasse geben und mit einem Schneebesen kräftig unterrühren.

6

6 Den Frischkäse rasch unterziehen.

7

7 Die geschlagene Sahne dazugeben.

8

8 Mit einem Teigschaber behutsam unterheben.

④ AUFBAU

Den Zucker mit Wasser und Kirschwasser bei mittlerer Temperatur erwärmen und auflösen.
Die Chantilly-Sahne herstellen wie auf Seite 71 beschrieben und in den Kühlschrank stellen.

1 Aus dem Joconde-Biskuit beliebige Formen ausstechen.

2 Die Böden in Kirschwasser-Sirup tränken.

3 Anschließend in die passende Ausstechform legen.

4 Die Frischkäsecreme in einen Spritzbeutel mit Lochtülle füllen und auf die Böden dressieren. Jeweils einen Esslöffel gelierte Beeren auf die Creme geben.

5 Mit einem zweiten Biskuitboden bedecken. Die Törtchen für mindestens 2 Stunden ins Gefrierfach stellen.

⑤ FERTIGSTELLUNG

Die Törtchen aus dem Gefrierfach nehmen. Zum Auslösen zwischen den Händen rollen oder mit einem Flambierbrenner anwärmen.

1 Die geschlagene Sahne mit einer kleinen Winkelpalette auf den Rand der Törtchen auftragen und in einem Zug rundherum glatt streichen.

2 Und das ist das Ergebnis.

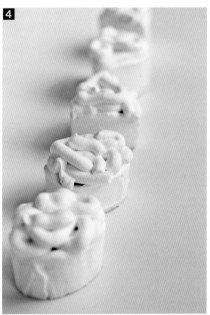

3 Die Chantilly-Sahne in einen Spritzbeutel mit Lochtülle füllen und dekorativ auf die Törtchen dressieren.

4 So sieht das gewünschte Ergebnis aus.

5 Eine Spritztüte aus Papier herstellen und die Törtchen mit dünnen Sahnefäden verzieren. Mit jeweils einer roten Johannisbeere dekorieren. Die Törtchen am Tag der Herstellung servieren.

ZUTATEN FÜR 8 TÖRTCHEN

① HIMBEERFÜLLUNG
300 G TK-HIMBEEREN

15 MINZEBLÄTTER

65 G FEINER KRISTALLZUCKER

6 G PEKTIN

② PANNA-COTTA-CREME
1 VANILLESCHOTE

500 G FLÜSSIGE SCHLAGSAHNE

8 G BLATTGELATINE

130 G MAGERQUARK

120 G FEINER KRISTALLZUCKER

③ BUTTER-MÜRBETEIG
(REZEPT SEITE 66)

④ HIMBEER-CRUMBLE
50 G BUTTER

50 G MEHL

50 G FEINER KRISTALLZUCKER

50 G MANDELN, GEMAHLEN

20 G HIMBEEREN

⑤ AUFBAU
300 G ROTE GLASUR
(REZEPT SEITE 34)

10 ERDBEEREN

10 HIMBEEREN

10 KLEINE MINZEBLÄTTER

1 SILIKONFORM FÜR MINI-QUADRATE

10 RECHTECKIGE DESSERTRAHMEN
5 × 10 CM

HIMBEER PANNA COTTA

ZUBEREITUNG
2 STUNDEN

GARZEIT
30 MINUTEN

Traditionell wird Panna Cotta meist in kleinen Gläsern serviert. Hier lässt sich der Klassiker ganz neu entdecken. Um die Oberfläche der Törtchen zu überziehen, eignet sich auch die Erdbeerglasur von Seite 76 (dann erst nach dem Glasieren aus dem Rahmen lösen).

① HIMBEERFÜLLUNG

② PANNA-COTTA-CREME

③ BUTTER-MÜRBETEIG

④ HIMBEER-CRUMBLE

⑤ AUFBAU

① HIMBEERFÜLLUNG

1 Die Himbeeren auftauen lassen.

2 In einen Topf geben und mit der Minze 2–3 Minuten bei mittlerer Temperatur erhitzen, dann lauwarm abkühlen lassen.

3 Den Zucker mit dem Pektin mischen.

4 Die Mischung zu den lauwarmen Himbeeren geben. Unter Rühren aufkochen lassen.

5 Die Himbeeren durch ein Sieb passieren.

6 Das Püree in einen kleinen Krug füllen, dann in die Mulden der Silikonform gießen. Die Form ins Gefrierfach stellen.

② PANNA-COTTA-CREME

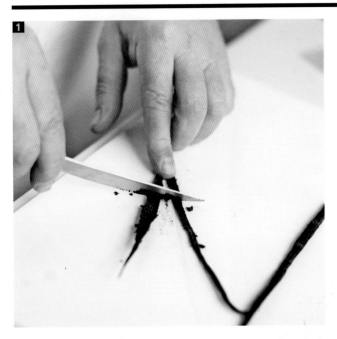

1 Die Vanilleschote der Länge nach aufschneiden und das Mark herausschaben.

2 Vanilleschote und -mark in die kochend heiße Sahne geben, den Topf von der Kochstelle nehmen und für mindestens 10 Minuten (besser 1 Stunde) beiseitestellen.

3 Die Gelatine abwiegen.

4 In eiskaltem Wasser 15 Minuten einweichen.

5 Den Quark mit dem Zucker verrühren.

6 Die ausgedrückte Gelatine in der heißen Sahne auflösen.

7 Die Mischung durch ein Sieb zu dem gezuckerten Frischkäse gießen. Sorgfältig verrühren.

8 So sieht das Ergebnis aus.

③ BUTTER-MÜRBETEIG

HERSTELLEN NACH DEM REZEPT **SEITE 66**

④ HIMBEER-CRUMBLE

Den Backofen auf 160 °C vorheizen.

1 Alle Zutaten auf die Arbeitsfläche geben.

2 Vermischen und zwischen den Handflächen zerreiben, bis ein glatter Teig entsteht.

3 So sieht das gewünschte Ergebnis aus.

4 Den Teig in Frischhaltefolie wickeln und für 1 Stunde ins Gefrierfach legen.

5 Den Teig portionsweise zu kleinen Streuseln reiben. Auf einem mit Backpapier ausgelegten Blech etwa 2 Minuten backen, dabei gelegentlich wenden. Die Streusel sollen rosarot bleiben.

6 So sieht das gewünschte Ergebnis aus. Zum Abkühlen beiseitestellen.

⑤ AUFBAU

Dessertrahmen auf ein mit Backpapier bedecktes Blech stellen. Glasur herstellen wie auf Seite 34 beschrieben.

1 Je zwei Würfel Himbeerfüllung in die Rahmen legen.

2 Das Blech auf die Küchenwaage stellen und in jeden Rahmen etwa 70 g Panna-Cotta-Creme gießen.

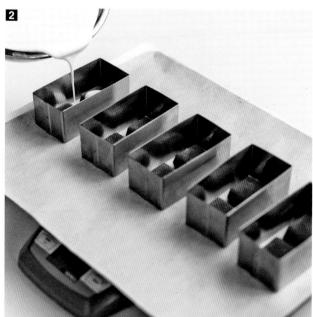

3

4

5

3 Die Rahmen keinesfalls bis zum Rand füllen. Für 2 Stunden ins Gefrierfach stellen.

4 Die gefrorenen Törtchen mithilfe eines kleinen Flambierbrenners aus den Rahmen lösen.

5 So sehen die ausgelösten Törtchen aus. Nochmals 1 Stunde ins Gefrierfach stellen.

6 Ein Gitter zum Auffangen der abfließenden Glasur auf eine große Schale legen. Die Törtchen auf das Gitter setzen und mit der Glasur überziehen. Mit einem Spatel glatt streichen, damit die Glasur nicht zu dick ist.

Die Törtchen mithilfe einer Palette auf ein zweites Gitter setzen, dabei überschüssige Glasur abstreifen. Wenn die Glasur fest genug ist, die Törtchen auf die Böden aus Butter-Mürbeteig setzen. Die Himbeerstreusel rundherum an den Rand drücken.

7 Mit jeweils einer Erdbeere, einer Himbeere und einem Minzeblatt garnieren.

7

6

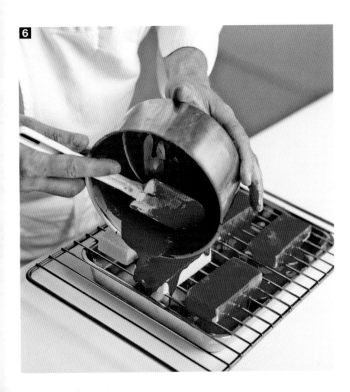

① DACQUOISE

525 G DACQUOISE (REZEPT SEITE 26)

② ORANGENBLÜTEN-MOUSSELINE-CREME

20 ML ORANGENBLÜTENWASSER (IN ARABISCHEN LEBENSMITTEL-LÄDEN ERHÄLTLICH)

250 G KONDITORCREME (REZEPT SEITE 18)

300 G BUTTERCREME (REZEPT SEITE 14)

③ AUFBAU

DACQUOISE-RESTE, FEIN ZERBRÖ-SELT

50 G DEKORSCHNEE (BEZUGSQUEL-LEN SEITE 242)

1 KÜCHENTHERMOMETER

1 AUSSTECHER MIT 5,5 CM DURCH-MESSER

10 DESSERTRINGE MIT 5,5 CM DURCHMESSER UND 4 CM HÖHE

1 SPRITZBEUTEL

1 LOCHTÜLLE 8 MM

1 HAARSIEB

ORANGEN BLÜTEN TÖRTCHEN

ZUBEREITUNG
2 STUNDEN

GARZEIT
30 MINUTEN

Anstelle der Orangenblüten-Mousseline-Creme kann man die Törtchen auch mit einer Schokoladenmousse füllen (Rezept Seite 148). Beim Aufbau nach Belieben Würfel von kandierten Orangen oder frische Himbeeren hinzufügen. Die Törtchen halten sich 3–4 Tage im Kühlschrank, im Gefrierfach in Frischhaltefolie verpackt bis zu 3 Wochen.

① DACQUOISE

② ORANGENBLÜTEN-MOUSSELINE-CREME

③ AUFBAU

① DACQUOISE

HERSTELLEN NACH DEM REZEPT **SEITE 26**

② ORANGENBLÜTEN- MOUSSELINE- CREME

Das Orangenblütenwasser im Wasserbad auf 30 °C erwärmen. Die nach dem Rezept Seite 18 hergestellte Konditorcreme mit einem Teigschaber geschmeidig rühren. Im Wasserbad leicht erwärmen.

1 Das Orangenblütenwasser unter die Konditorcreme rühren.

2 Die nach dem Rezept Seite 14 hergestellte raumtemperierte Buttercreme dazugeben.

3 Mit einem Teigschaber gründlich vermischen, bis eine glatte Konsistenz erreicht ist. Die Creme bei Raumtemperatur beiseitestellen.

③ AUFBAU UND FERTIGSTELLUNG

Aus dem Dacquoise-Boden Kreise mit 5,5 cm Durchmesser ausstechen. Die Teigreste im Backofen bei 80 °C 20 Minuten trocknen.
Die Dessertringe auf ein mit Backpapier ausgelegtes Blech stellen. In jeden Ring einen Teigboden legen.

1 Die Mousseline-Creme in einen Spritzbeutel mit 8–mm-Lochtülle füllen und in die Ringe dressieren.

2 Jeweils mit einem zweiten Dacquoise-Boden abdecken. Für 1 Stunde ins Gefrierfach stellen.

3 Die getrockneten und abgekühlten Dacquoise-Reste durch ein feines Sieb reiben.

Die Törtchen aus dem Gefrierfach nehmen. Zum Auslösen die Ringe zwischen den Händen rollen oder mit einem Flambierbrenner leicht erwärmen. Die ausgelösten Törtchen für 30 Minuten in den Kühlschrank stellen, um Kondensatbildung zu verhindern. Anschließend durch die Dacquoise-Brösel rollen (der Rand muss etwas weicher sein, damit die Brösel gut haften).

4 Zum Schluss mit Dekorschnee bestauben.

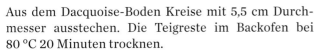

SAINT-BARTH'

ZUTATEN FÜR 15 TÖRTCHEN

① KOKOS-DACQUOISE

35 G KOKOSNUSS, GE-RIEBEN

120 G EIWEISS

90 G FEINER KRISTALL-ZUCKER

35 G MANDELN, GEMAH-LEN

80 G HELLER ROH-ROHR-ZUCKER

35 G MEHL (TYPE 405)

② MANGO-ANANAS-FÜLLUNG

70 G ANANAS

20 G KANDIERTE ORAN-GENSCHALE

5 G FEINER KRISTALL-ZUCKER

4 G PEKTIN

70 G ANANASPÜREE

140 G MANGOPÜREE

③ BAYERISCHE VANILLECREME

150 ML VOLLMILCH

1 VANILLESCHOTE

7,5 G BLATTGELATINE

4 EIGELB

60 G FEINER KRISTALL-ZUCKER

300 G FLÜSSIGE SCHLAG-SAHNE

④ AUFBAU

300 G ORANGE GLASUR (REZEPT SEITE 34)

100 G WEISSE KUVERTÜRE VON VALRHONA

KOKOSRASPEL

DEKORZUCKER (BEZUGS-QUELLEN SEITE 242)

1 AUSSTECHER MIT 4 CM DURCHMESSER

1 KÜCHENTHERMO-METER

1 SILIKONFORM FÜR PETITS FOURS MIT 4 CM DURCHMESSER

15 DESSERTRINGE MIT 5,5 CM DURCHMESSER UND 4 CM HÖHE

1 SPRITZBEUTEL

1 LOCHTÜLLE 8 MM

1 HARTPLASTIKFOLIE

1 WINKELPALETTE

Man kann die Törtchen ein- oder mehrfarbig glasieren. Anstelle von Dekorzucker kommt auch Blattgold infrage. Auf Früchte als Dekoration verzichten – sie würden nicht gut haften.

ZUBEREITUNG	GARZEIT	KÜHLZEIT
3 STUNDEN	**30 MINUTEN**	**3 STUNDEN**

---

① KOKOS-DACQUOISE

② MANGO-ANANAS-FÜLLUNG

③ BAYERISCHE VANILLECREME

④ AUFBAU

① KOKOS-DACQUOISE

Den Backofen auf 160 °C Umluft vorheizen. Die geriebene Kokosnuss 10–15 Minuten im Ofen rösten. Die Ofentemperatur auf 180 °C erhöhen.

1 Das Eiweiß in der Küchenmaschine bei hoher Geschwindigkeit steif schlagen.

2 Den Kristallzucker nach und nach einrieseln lassen.

3 Die Eiweißmasse ist fertig aufgeschlagen.

4 Die geriebene und geröstete Kokosnuss, die gemahlenen Mandeln, den Roh-Rohrzucker und das Mehl bereitstellen.

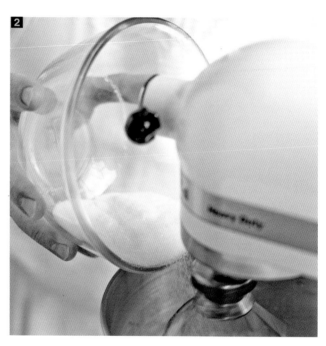

5

5 Mandeln, Mehl und Roh-Rohrzucker vermengen und zum Eischnee geben. Mit einem Teigschaber unterziehen.

6

6 Die geriebene Kokosnuss ebenfalls mit dem Teigschaber unterheben.

7

7 Ein Blech mit Backpapier auslegen und 4 cm große Kreise aufzeichnen. Die Dacquoise-Masse in einen Spritzbeutel mit Lochtülle füllen und aufdressieren. Bei 180 °C 15–20 Minuten backen, das Blech nach der Hälfte der Zeit um 180 Grad drehen.

8

8 Die Dacquoise-Böden sind fertig gebacken.

② MANGO-ANANAS-FÜLLUNG

Die Ananas in kleine Würfel schneiden. Die kandierte Orangenschale fein hacken. Den Zucker und das Pektin in einer Schale mischen.

1 Die Ananaswürfel in einen Topf geben und bei niedriger Temperatur 5 Minuten sanft erhitzen.

2 Die gehackte kandierte Orangenschale …

3 … und dann das Ananaspüree dazugeben.

4 Zum Schluss das Mangopüree hinzufügen. Auf 50 °C erhitzen. Die Zucker-Pektin-Mischung unterrühren und die Masse kurz aufwallen lassen.

5 Die Masse in die Mulden der Silikonform gießen. Ins Gefrierfach stellen.

③ BAYERISCHE VANILLECREME

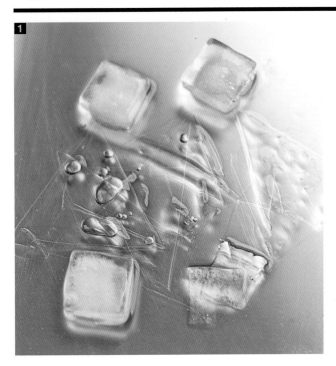

Die Milch mit der längs aufgeschnittenen Vanilleschote und dem ausgeschabten Mark bei mittlerer Temperatur zum Kochen bringen. Eine Schüssel zum Schlagen der Sahne ins Gefrierfach stellen.

1 Die Gelatine in Eiswasser einweichen.

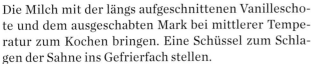

2 3 Eigelb und Zucker mit einem Schneebesen gründlich verrühren.

4 Den Topf von der Kochstelle ziehen. Die Eigelbmasse unter Rühren hineingießen.

5 Bei schwacher Temperatur unter sanftem Rühren mit dem Schneebesen auf 80–85 °C erhitzen.

6 Sobald die Creme eindickt, den Topf von der Kochstelle nehmen und die ausgedrückte Gelatine mit dem Schneebesen sorgfältig unterrühren. Die Vanilleschote entfernen. Die Creme vor der Zugabe der geschlagenen Sahne auf Zimmertemperatur abkühlen lassen, sie darf aber nicht fest werden.

7 Die Sahne in die gekühlte Schüssel gießen und steif schlagen. Die Vanillecreme dazugeben.

8 Mit einem Teigschaber rasch, aber behutsam unterheben, damit die Masse nicht zusammenfällt. Bei Raumtemperatur beiseitestellen.

④ AUFBAU

1 Die Dessertringe auf ein mit Backpapier ausgelegtes Blech stellen und jeweils einen Dacquoise-Boden hineinlegen. Zwischen Dacquoise und Ring soll ein kleiner Abstand sein.

2 Die Vanillecreme 2 cm hoch in die Ringe gießen.

3 Jeweils eine Portion Mango-Ananas-Füllung auf die Creme legen und etwas hineindrücken.

4 Die Dessertringe mit der restlichen Creme auffüllen

5 6 Die Oberfläche mit einer Palette glatt streichen. Die Törtchen für 30 Minuten ins Gefrierfach stellen, anschließend erneut mit Creme bestreichen und glätten (da sich die Creme etwas gesetzt hat und die Oberfläche leicht eingesunken ist). Für weitere 2,5 Stunden ins Gefrierfach stellen.

Die Glasur herstellen wie im Rezept Seite 34 beschrieben. Die Hälfte der Glasur orange einfärben. Die Glasuren im Wasserbad lauwarm temperieren.

7 Die Törtchen aus dem Gefrierfach nehmen. Zum Auslösen die Ringe zwischen den Händen rollen oder mit einem kleinen Flambierbrenner erwärmen. Zurück ins Gefrierfach stellen. Zum Glasieren auf ein Gitter setzen und zum Auffangen der abfließenden Glasur auf eine große Schale stellen.

8 Mit einem Esslöffel weißer Glasur überziehen.

9 Dann mit einem Teelöffel farbiger Glasur verzieren.

10 Überschüssige Glasur abstreifen.

11 Die weiße Kuvertüre temperieren wie im Rezep Seite 73 beschrieben. Die Hartplastikfolie auf ein Back blech legen. Die temperierte Schokolade daraufgieße und mit der Winkelpalette gleichmäßig verstreichen.

12 Die Folie an den gegenüberliegenden Ecken anhe ben, damit sich die Schokolade gleichmäßig verteilt Erstarren lassen (falls nötig, im Kühlschrank).
In kleine unregelmäßige Stücke brechen. Man kan sie nun um den Rand der Törtchen herum mit leich tem Druck anbringen oder auf die Oberfläche kleber und den unteren Rand mit Kokosraspeln verzieren. Di Oberfläche mit Dekorzucker bestreuen.

SAINT-O

ZUBEREITUNG	GARZEIT
2 STUNDEN	**1 STUNDE**

ZUTATEN FÜR 8 TÖRTCHEN

① PASSIONSFRUCHTCREME

5 G BLATTGELATINE

225 G PASSIONSFRUCHTPÜREE

3 KLEINE EIER (155 G)

175 G FEINER KRISTALLZUCKER

225 G BUTTER, IN STÜCKE GE-SCHNITTEN

② BLÄTTERTEIG

250 G BLITZ-BLÄTTERTEIG (REZEPT SEITE 72)

50 G FEINER KRISTALLZUCKER

50 G PUDERZUCKER

③ WINDBEUTEL

500 G BRANDTEIG (REZEPT SEITE 58)

④ KARAMELL

400 G FEINER KRISTALLZUCKER

½ TL ZITRONENSAFT

½ TL ORANGE SPEISEFARBE

⑤ CHANTILLY-SAHNE

500 G CHANTILLY-SAHNE (REZEPT SEITE 71)

⑥ AUFBAU

GOLDFARBENER DEKORZUCKER (BEZUGSQUELLEN SEITE 242)

1 KÜCHENTHERMOMETER

1 AUSSTECHER MIT 8 CM DURCH-MESSER

1 AUSSTECHER MIT 4 CM DURCH-MESSER

1 SPRITZBEUTEL

1 LOCHTÜLLE 3–4 MM

1 SAINT-HONORÉ-TÜLLE

---

① **PASSIONSFRUCHT-CREME**

② **BLÄTTERTEIG**

③ **WINDBEUTEL**

④ **KARAMELL**

⑤ **CHANTILLY-SAHNE**

⑥ **AUFBAU**

Anstelle der Blätterteigböden kann hier auch Mürbeteig verwendet werden. Nach Belieben die Törtchen mit halbierten Himbeeren dekorieren. Sie müssen am Tag der Herstellung serviert werden.

Wer einen helleren Karamell bevorzugt, kann nach diesem Rezept vorgehen: 250 g feinen Kristallzucker, 50 g Glukose und 100 ml Wasser in einem Topf mit schwerem Boden verrühren und zum Kochen bringen. Die Speisefarbe dazugeben. Die Masse auf 155 ºC erhitzen. Den Topfboden eine halbe Sekunde in eine Schüssel mit kaltem Wasser tauchen, um den Kochvorgang zu beenden.

① PASSIONSFRUCHTCREME

1 Die Gelatine in Eiswasser einweichen.

2 Das Passionsfruchtpüree in einen Topf geben.

3 Die Eier und den Zucker hinzufügen. Bei mittlerer Temperatur unter Rühren mit einem Schneebesen auf 85 °C erhitzen, bis die Masse eindickt. Von der Kochstelle nehmen. Die ausgedrückte Gelatine in der Creme auflösen, anschließend die Butter unterziehen.

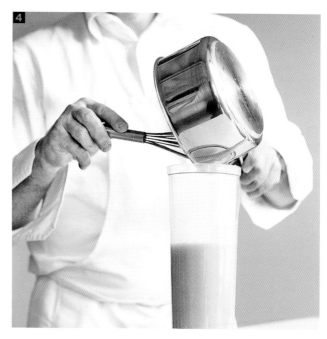

4 Die Masse in einen Mixbecher gießen.

5 Mit dem Stabmixer 1 Minute glatt pürieren, dabei das Gerät ruhig halten.

6 Eine flache Schale mit Frischhaltefolie auslegen. Di[e] Passionsfruchtcreme 1 cm hoch hineingießen. Mit de[r] Folie abdecken, damit sich keine Haut bildet. 1 Stund[e] im Gefrierfach abkühlen lassen.

---

② BLITZ-BLÄTTERTEIG HERSTELLEN NACH DEM REZEPT SEITE 72

Den Backofen auf 180 °C vorheizen.

1 Aus dem Teig Kreise mit 8 cm Durchmesser ausstechen und auf ein mit Backpapier ausgelegtes Blech geben. Mit feinem Kristallzucker bestreuen. Mit Backpapier abdecken und mit einem zweiten Blech beschweren, damit die Böden beim Backen schön flach bleiben.

Die Blätterteigböden 20–25 Minuten backen. Aus dem Ofen nehmen, wenden und mit Puderzucker bestauben. Bei 220 °C zurück in den Backofen schieben, bis der Zucker karamellisiert, dabei ständig überwachen. Die fertigen Böden auf ein Gitter legen und bis zur weiteren Verwendung vollständig abkühlen lassen.

③ WINDBEUTEL BRANDTEIG HERSTELLEN NACH DEM REZEPT SEITE 58

Windbeutel mit 3 cm Durchmesser auf ein beschichtetes Backblech dressieren. Mit Puderzucker bestauben. Be[i] 180 °C im vorgeheizten Ofen 25–30 Minuten backen.

④ KARAMELL

1 Die Hälfte des Zuckers mit dem Zitronensaft in einem Topf mit schwerem Boden bei mittlerer Temperatur schmelzen, bis der Zucker sich braun färbt.

Sobald er geschmolzen ist, den restlichen Zucker und die Speisefarbe dazugeben. Unter Rühren weiter erhitzen, dabei darauf achten, dass der Zucker nicht verbrennt. Sobald der Sirup die Farbe von Bernstein angenommen hat, den Topfboden ganz kurz in eine Schüssel mit kaltem Wasser tauchen, um den Kochvorgang zu beenden.

⑤ CHANTILLY-SAHNE

HERSTELLEN NACH DEM REZEPT **SEITE 71**

⑥ AUFBAU

1 Die Windbeutel von unten mit einem Messer aufspießen und mit der Oberseite in den heißen Karamell tauchen. Leicht schütteln, damit überschüssiger Karamell abfließt. Umdrehen und auf den Karamell pusten (oder einen kleinen Ventilator verwenden), damit er erstarrt und nicht an den Seiten hinunterläuft.

2 So sollen die Windbeutel aussehen.

3

3 Die Passionsfruchtcreme aus dem Gefrierfach nehmen. Acht Kreise mit 4 cm Durchmesser ausstechen.

Die restliche Passionsfruchtcreme mit einem Teigschaber geschmeidig rühren. In einen Spritzbeutel mit Lochtülle füllen und in die Windbeutel spritzen (vorher von unten mit einer feinen Spritztülle anstechen).

4

4 Auf jeden Boden eine Portion Creme setzen.

5

5 Die Windbeutel mit dem Blätterteigrand in die Passionsfruchtcreme drücken.

6

6 So sieht das Ergebnis aus.

Die Chantilly-Sahne in einen Spritzbeutel mit Saint-Honoré-Tülle füllen und üppige Tuffs auf die Törtchen dressieren, dabei nicht zu gleichmäßig vorgehen! Mit Dekorzucker bestreuen.

APRIKOSENTÖRTCHEN

ZUTATEN FÜR 15 TÖRTCHEN

① APRIKOSENFÜLLUNG

6 G BLATTGELATINE

250 G APRIKOSENPÜREE (PÜRIERTE FRISCHE FRÜCHTE ODER TK-PÜREE)

50 G FEINER KRISTALLZUCKER

60 G FRISCHE APRIKOSEN, IN WÜRFEL GESCHNITTEN

② MARZIPAN

100 G MARZIPAN (REZEPT SEITE 62)

③ DACQUOISE

525 G DACQUOISE (REZEPT SEITE 26)

④ LUFTIGE MANDELCREME

4 G BLATTGELATINE

200 G FLÜSSIGE SCHLAGSAHNE

100 G MARZIPAN (SIEHE SCHRITT ②)

200 ML MILCH

3 EIGELB

40 G FEINER KRISTALLZUCKER

⑤ AUFBAU UND FERTIGSTELLUNG

400 G FARBLOSE GLASUR (REZEPT SEITE 71)

2 FRISCHE APRIKOSEN

1 ZITRONE

EINIGE MANDELN, BLANCHIERT

1 SILIKONFORM FÜR PETITS FOURS MIT 4 CM DURCHMESSER

1 KÜCHENTHERMOMETER

1 AUSSTECHER MIT 5 CM DURCHMESSER

15 DESSERTRINGE MIT 5,5 CM DURCHMESSER UND 4,5 CM HÖHE

1 WINKELPALETTE

ZUBEREITUNG
2 STUNDEN

GARZEIT
30 MINUTEN

Man kann die Törtchen im Voraus zubereiten und in Tiefkühlboxen einfrieren. Auf diese Weise hat man 15 kleine feine Desserts auf Vorrat. Am Tag, an dem sie serviert werden sollen, nimmt man sie morgens aus dem Gefrierfach. Wie in der Kühltheke der Konditorei bleiben die Törtchen im Kühlschrank 1 Tag lang frisch.

Für das Aprikosenpüree idealerweise die Früchte während der Saison kaufen, zu Püree verarbeiten und anschließend einfrieren. So lassen sich die Törtchen auch im Winter herstellen.
Der restliche Dacquoise-Boden kann ebenfalls für eine spätere Verwendung eingefroren werden.

① APRIKOSENFÜLLUNG

② MARZIPAN

③ DACQUOISE

④ LUFTIGE MANDELCREME

⑤ AUFBAU UND FERTIGSTELLUNG

① APRIKOSENFÜLLUNG

1 Die Gelatine in Eiswasser einweichen.

2 In einem Topf das Aprikosenpüree bei niedriger Temperatur erwärmen.

3 Den Zucker dazugeben.

4 Von der Kochstelle nehmen und die ausgedrückte Gelatine unterrühren.

5 Die Masse gründlich durchmixen und in einen kleinen Krug füllen.

6 In die Mulden der Silikonform gießen und mit kleinen Aprikosenwürfeln bestreuen. Nach Belieben kann man auch Himbeeren dazugeben.

7 Die Form ins Gefrierfach stellen.

8 So sieht die ausgelöste Fruchtfüllung aus.

② MARZIPAN

HERSTELLEN NACH DEM REZEPT **SEITE 62**

③ DACQUOISE

HERSTELLEN NACH DEM REZEPT **SEITE 26**

④ LUFTIGE MANDELCREME

Die Gelatine in Eiswasser einweichen.
Zum Schlagen der Sahne eine Schüssel 30 Minuten ins Gefrierfach stellen. Anschließend die Sahne hineingießen und steif schlagen. Beiseitestellen.

1 Die Milch mit dem Marzipan in einen Topf geben und bei mittlerer Temperatur unter gelegentlichem Rühren zum Kochen bringen.

2 Eigelb und Zucker verrühren.

3 Sobald die Milch aufkocht, den Topf von der Kochstelle nehmen. Die Milch unter ständigem Rühren langsam in die Eigelbmasse gießen.

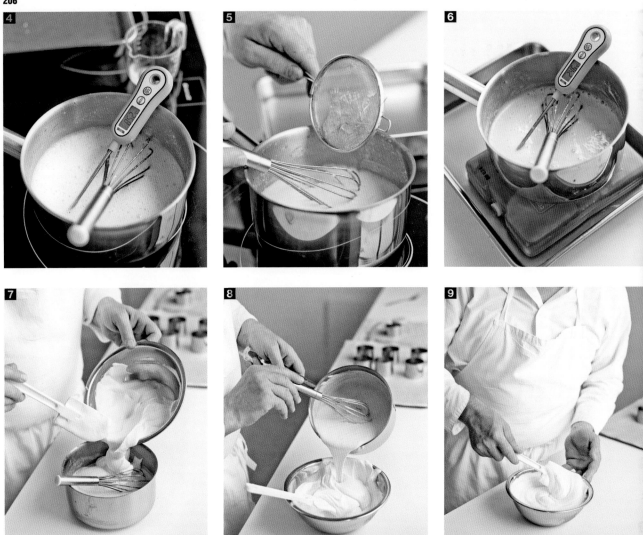

4 Den Topf zurück auf den Herd stellen. Die Creme bei niedriger Temperatur unter sanftem Rühren mit dem Schneebesen auf 80–85 °C erhitzen.

5 Sobald die Creme eindickt, von der Kochstelle nehmen und die ausgedrückte Gelatine mit dem Schneebesen sorgfältig unterrühren.

6 Den Topf in eine tiefe Schale mit sehr kaltem Wasser stellen, um die Creme rasch auf 25 °C abzukühlen. In der Zwischenzeit die Sahne steif schlagen.

7 Einen Teil der geschlagenen Sahne unter die abge kühlte, aber noch nicht gelierte Mandelcreme rühren um sie aufzulockern. (Sollte die Creme doch schon ge liert sein, noch einmal vorsichtig erwärmen, bevor di Sahne dazukommt.)

8 Anschließend die Creme zur restlichen Schlagsahn geben.

9 Mit einem Teigschaber vorsichtig unterheben. Be Raumtemperatur beiseitestellen.

⑤ AUFBAU UND FERTIGSTELLUNG

1 Aus dem Dacquoise-Boden Kreise mit 5 cm Durchmesser ausstechen.

2 Die Dessertringe auf ein mit Backpapier ausgelegtes Blech stellen. In jeden Ring einen Boden legen. Zwischen Dacquoise und Ring soll ein kleiner Abstand sein.

3 Etwas Mandelcreme in die Ringe gießen.

4 Jeweils eine Portion der gefrorenen Aprikosenfüllung daraufgeben.

5 Etwas hineindrücken.

6 Mit Mandelcreme auffüllen. Mit jeweils einem zweiten Dacquoise-Boden abdecken und mit etwas Creme abschließen.

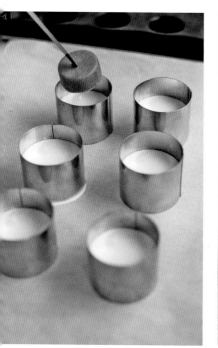

7 Mit einer Palette glatt streichen.

8 Für 30 Minuten ins Gefrierfach stellen, dann erneut glätten (da sich die Mandelcreme etwas gesetzt hat und die Oberfläche leicht eingesunken ist, mit etwas Creme auffüllen und glatt streichen). Für weitere 2,5 Stunden ins Gefrierfach stellen.

Die farblose Glasur herstellen wie im Rezept Seite 71 beschrieben.

Die Törtchen aus dem Gefrierfach nehmen. Zum Auslösen die Ringe zwischen den Händen rollen oder mit einem kleinen Flambierbrenner erwärmen. Die Törtchen zurück ins Gefrierfach stellen. Zum Glasieren auf ein Gitter setzen und zum Auffangen der abfließenden Glasur auf eine große Schale stellen.

9 Die fast kalte, leicht gelierte Glasur über die Törtchen gießen.

10 Überschüssige Glasur mit einer Palette abstreifen. Die Törtchen bis zur Fertigstellung ins Gefrierfach stellen.

11 12 Die Aprikosen in schmale Spalten schneiden und die Mandeln der Länge nach halbieren. Die Zitrone auspressen und die Aprikosen mit dem Saft beträufeln. Mandeln und Aprikosen mithilfe eines Pinsels von unten dünn mit Glasur bestreichen und auf den Törtchen anbringen.

 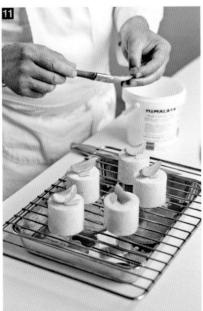 

ZUTATEN FÜR
12 TÖRTCHEN

① HASELNUSS-MERINGEN

100 G EIWEISS

100 G FEINER KRISTALLZUCKER

50 G PUDERZUCKER

50 G HASELNÜSSE, GEMAHLEN

② MOKKA-MOUSSELINE-CREME

200 G KONDITORCREME (REZEPT SEITE 18)

1 SEHR STARKER ESPRESSO

1 TL LÖSLICHER KAFFEE (ODER ARABICA-KAFFEE-EXTRAKT, BEZUGSQUELLEN SEITE 242)

350 G BUTTERCREME (REZEPT SEITE 14)

③ KARAMELLISIERTE HASELNÜSSE

230 G KARAMELLISIERTE HASELNÜSSE (REZEPT SEITE 50)

④ AUFBAU

ETWAS MOKKA-MOUSSELINE-CREME (SIEHE SCHRITT ②) ZUM BEFESTIGEN DER GERÖSTETEN HASELNÜSSE

50 G DEKORSCHNEE (BEZUGSQUELLEN SEITE 242)

1 SPRITZBEUTEL

1 LOCHTÜLLE 8 MM

10 DESSERTRINGE MIT 5,5 CM DURCHMESSER UND 4 CM HÖHE

1 STREICHPALETTE

MOKKA TÖRTCHEN

ZUBEREITUNG
3 STUNDEN

GARZEIT
2 STUNDEN 40

① HASELNUSS-MERINGEN

② MOKKA-MOUSSELINE-CREME

③ KARAMELLISIERTE HASELNÜSSE

④ AUFBAU

Die fertigen Törtchen halten sich 3–4 Tage im Kühlschrank. Wenn man sie einfrieren möchte, erfolgt die Fertigstellung erst nach dem Auftauen; die tiefgekühlten Törtchen halten sich in Frischhaltefolie gewickelt bis zu 3 Wochen im Gefrierfach.

Um die Mousseline-Creme zu aromatisieren, kann man auch auf Kaffeepaste zurückgreifen, die es im Fachhandel in hervorragender Qualität gibt.

① HASELNUSS-MERINGEN

Den Backofen auf 150 °C vorheizen.

1 Das Eiweiß in die Rührschüssel der Küchenmaschine geben und mit etwas Kristallzucker auf der höchsten Stufe anschlagen.

2 Sobald es schaumig wird, den restlichen Kristallzucker nach und nach einrieseln lassen. Weiterschlagen, bis eine weiße, glänzende Meringenmasse entstanden ist, die am Rührbesen haften bleibt.

3 Den Puderzucker und die gemahlenen Haselnüsse auf einem Bogen Backpapier mit einem Schneebesen mischen.

4 Die Mischung zu der Meringenmasse geben.

5 Mit einem Teigschaber unterheben.

6 Die Masse in einen Spritzbeutel mit 8-mm-Lochtülle füllen.

7 Auf ein mit Backpapier ausgelegtes Blech kleine Baisers mit 5 cm Durchmesser dressieren.

8 So sieht das gewünschte Ergebnis aus.

9 Im Backofen 20 Minuten bei 150 °C backen, dann die Temperatur auf 100 °C herunterschalten. Etwa 2 Stunden 20 Minuten weiterbacken.

10 Die fertigen Meringen müssen innen vollkommen trocken sein. Vor der weiteren Verwendung auskühlen lassen.

② MOKKA-MOUSSELINE-CREME

Die nach dem Rezept Seite 18 hergestellte Konditor-creme im Wasserbad leicht erwärmen.
Den Espresso zubereiten und mit dem löslichen Kaffeepulver verrühren.

1 Etwas Konditorcreme mit der Kaffeemischung glatt rühren.

2 Die restliche Konditorcreme, dann die nach dem Rezept Seite 14 hergestellte Buttercreme dazugeben. Mit einem Teigschaber untermischen.

3 Die Creme über einem heißen Wasserbad mit einem Schneebesen geschmeidig rühren.

③ **KARAMELLISIERTE HASELNÜSSE** HERSTELLEN NACH DEM REZEPT **SEITE 50**

④ **AUFBAU**

Die Dessertringe auf ein mit Backpapier ausgelegtes Blech stellen.

1 In jeden Ring eine Meringe legen.

2 Mit der Mokkacreme übergießen.

3 Die Ringe nur zur Hälfte füllen (etwa 40 g Creme je Törtchen).

4 Jeweils mit einer zweiten Meringe (mit der Unterseite nach oben) abdecken.

5 So sieht das Ergebnis aus. Die Törtchen für 1 Stunde ins Gefrierfach stellen.

Die Törtchen herausnehmen. Zum Auslösen die Ringe zwischen den Händen rollen oder mit einem kleinen Flambierbrenner erwärmen. Die ausgelösten Törtchen für 30 Minuten in den Kühlschrank stellen, um Kondensatbildung zu verhindern.
Bei Raumtemperatur etwas stehen lassen. Die Ränder mithilfe einer Palette rundherum mit etwas Mokka-Mousseline-Creme bestreichen.
Die Törtchen einzeln in die Hand nehmen und die Haselnüsse mithilfe der Palette rundherum an den Rand drücken, wie beim Aufbau der Pistazientörtchen (Seite 138, Schritt 3 und 4).

6 So sehen die mit gerösteten Haselnüssen ummantelten Törtchen aus.
Zum Schluss mit Dekorschnee bestauben.

TRÜFFEL TÖRTCHEN

ZUTATEN FÜR 10 TÖRTCHEN

① FRANZÖSISCHE MERINGEN

20 MERINGENSCHALEN (REZEPT SEITE 46)

② SCHOKOLADENCREME

75 G KUVERTÜRE »MANJARI« VON VALRHONA (60–65 % KAKAOANTEIL)

225 G KONDITORCREME (REZEPT SEITE 18)

225 G BUTTERCREME (REZEPT SEITE 14)

③ AUFBAU

150 G KUVERTÜRE »MANJARI« ODER »EXTRA BITTER« VON VALRHONA (60–65 % KAKAOANTEIL)

30 G REINES KAKAOPULVER

1 KÜCHENTHERMOMETER

1 STREICHPALETTE

1 SPRITZBEUTEL

1 LOCHTÜLLE 8 MM

2–3 AUSSTECHER MIT 5–7 CM DURCHMESSER

ZUBEREITUNG
1 STUNDE 30

GARZEIT
2 STUNDEN 30

Für die Herstellung der Schokospäne empfiehlt es sich, mehrere Ausstecher bereitzuhalten, denn sie werden in der Hand schnell warm und müssen dann ausgetauscht werden. Die Schokospäne sind aber nicht zwingend: Man kann die Törtchen auch einfach nur mit Kakaopulver bestauben.

① FRANZÖSISCHE MERINGEN

② SCHOKOLADENCREME

③ AUFBAU

① FRANZÖSISCHE MERINGEN

HERSTELLEN NACH DEM REZEPT **SEITE 46**

Die Meringen können 2–3 Tage im Voraus hergestellt und an einem warmen, trockenen Ort gelagert werden.

② SCHOKOLADENCREME

Die Kuvertüre im Wasserbad bei 35 °C schmelzen.
Die nach dem Rezept Seite 18 hergestellte Konditor-creme mit einem Teigschaber geschmeidig rühren und im Wasserbad leicht erwärmen.

1 Die flüssige Kuvertüre zur Konditorcreme geben.

2 Mit einem Teigschaber sorgfältig glatt rühren.

3 Die raumtemperierte Buttercreme (Rezept Seite 14) dazugeben und unterheben.

③ AUFBAU

1 Die Schokoladencreme in einen Spritzbeutel mit Lochtülle füllen. Die Meringen auf ein mit Backpapier ausgelegtes Blech setzen. Auf zehn Meringen spiralförmig die Creme dressieren.

2 Jeweils eine zweite Schale auf die Schokoladenspirale setzen und leicht andrücken. Die gefüllten Meringen für 1 Stunde ins Gefrierfach stellen, damit die Creme fest wird.

3 Auf die oberen Meringen ebenfalls eine Schokolalenspirale dressieren.

5 Die Törtchen in die Hand nehmen und mit der restlichen Schokoladencreme ummanteln. Mit der Palette rundherum glatt verstreichen, damit der Überzug dünn und gleichmäßig ist.

6 So sieht das Ergebnis aus. Wenn Sie die Törtchen nur mit Kakaopulver bestreut servieren wollen, stellen Sie sie jetzt kurz in den Kühlschrank.

7

7 Die Kuvertüre temperieren wie im Rezept Seite 73 beschrieben. Auf eine raumtemperierte Edelstahlplatte gießen und mit der Streichpalette verteilen.

8

8 Die Kuvertüre so dünn wie möglich verstreichen, bis die Oberfläche gleichmäßig und glatt ist. Weitgehend aushärten lassen.

9

9 Von der Kuvertüre mit einem Ausstecher kleine Späne abschaben und in den Kühlschrank stellen.

10

10 Die Törtchen einzeln in die Hand nehmen und mit hilfe der Palette rundherum mit Schokoladenspänen bedecken. Kurz kühl stellen, unmittelbar vor dem Servieren mit Kakaopulver bestauben.

YELLOW

ZUBEREITUNG
4 STUNDEN

GARZEIT
25 MINUTEN

ZUTATEN FÜR
12 TÖRTCHEN

① ERDBEERFÜLLUNG

190 G ERDBEEREN

40 G FEINER KRISTALLZUCKER

4 G PEKTIN

1 TROPFEN ROSENEXTRAKT

② ZITRONENCREME

1 ½ ZITRONEN

2 EIER

100 G FEINER KRISTALLZUCKER

35 G BUTTER

③ MADELEINES UND SAVARINS

50 G BUTTER

2 EIER

120 G FEINER KRISTALLZUCKER

25 ML MILCH

125 G MEHL

4 G BACKPULVER

75 ML OLIVENÖL

ABGERIEBENE SCHALE VON 1 UNBE-
HANDELTEN ZITRONE

5 G ZITRONENSAFT + ZITRONENSAFT
ZUM TRÄNKEN DER MADELEINES

④ ZITRONENMOUSSE

ZITRONENCREME (SIEHE SCHRITT ②)

6 G BLATTGELATINE

25 G ZITRONENSAFT

280 G FLÜSSIGE SCHLAGSAHNE

ABGERIEBENE SCHALE VON 1 UNBE-
HANDELTEN ZITRONE

⑤ AUFBAU

SAFT VON 1 ZITRONE

⑥ FERTIGSTELLUNG

530 G FARBIGE GLASUR (MIT EINI-
GEN TROPFEN GELBER SPEISEFARBE;
REZEPT SEITE 34)

100 G WEISSE KUVERTÜRE »IVOIRE«
VON VALRHONA

SCHALE VON 1 UNBEHANDELTEN
ZITRONE, IN FEINEN STREIFEN AB-
GEZOGEN

100 ML WASSER

100 G FEINER KRISTALLZUCKER

50 G EXOTISCHE MARMELADE
(REZEPT SEITE 70)

1 KÜCHENTHERMOMETER

1 SILIKONFORM FÜR PETITS FOURS

1 SPRITZBEUTEL

1 SILIKONBACKFORM FÜR KLEINE
HALBKUGELN

1 SILIKONBACKFORM FÜR MINI-
SAVARINS

1 SILIKONFORM FÜR KUGELN

Damit diese Törtchen wirklich perfekt wer-
den, braucht man eine zweiteilige Formplatte
für Kugeln, wie sie im professionellen Bereich
für Desserts eingesetzt wird (Bezugsquellen
Seite 242).
Anstelle von Erdbeeren kann man für die
Fruchtfüllung auch anderes Obst verwenden.
Was allerdings die Creme angeht, rate ich

in diesem Fall ausnahmsweise von Experi-
menten ab. Mit der Konsistenz der Zitronenmousse steht und fällt dieses Rezept.

Die Kugeln können bis zu 2 Tage im Voraus
zubereitet und am Tag des Verzehrs fertiggestellt werden. Man kann sie auch in der
Form einfrieren.

① ERDBEERFÜLLUNG

② ZITRONENCREME

③ MADELEINES UND SAVARINS

④ ZITRONENMOUSSE

⑤ AUFBAU

⑥ FERTIGSTELLUNG

① ERDBEERFÜLLUNG

Die Erdbeeren grob zerkleinern.

1 In einen Topf geben und bei niedriger Temperatur auf 30–40 °C erhitzen.

2 Die Zucker-Pektin-Mischung dazugeben und mit einem Silikonspatel unterrühren.

3 4 Den Rosenextrakt hinzufügen und alles kurz aufwallen lassen.

5 Von der Kochstelle nehmen und mit dem Stabmixer glatt pürieren.

6 Sofort in die Mulden der Petits-Fours-Form gießen.

7 Die Mulden bis zum Rand füllen. Die Form für 2 Stunden ins Gefrierfach stellen.

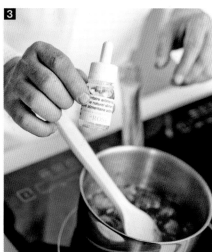

② ZITRONENCREME

1 Die Zitronen wie einen Apfel mit einem Sparschäler schälen.

2 Die Zitronenschale, die Eier und den Zucker in einen Topf geben, den ausgepressten Saft der Zitrone durch ein Sieb dazugießen.

3 Bei niedriger Temperatur auf 80–85 °C erhitzen, bis sie eindickt.

4 Von der Kochstelle nehmen und die Butter unter rühren, bis sie geschmolzen ist.

5 Die Creme durch ein Haarsieb in eine Schüssel pas sieren. Bei Raumtemperatur beiseitestellen.

③ MADELEINES UND SAVARINS

Den Backofen auf 180 °C vorheizen.
Die Butter bei niedriger Temperatur zerlassen und beiseitestellen.

1 Eier und Zucker in eine Schüssel geben.

2 Kurz und kräftig durchrühren. Anschließend die Milch angießen.

3 Mehl und Backpulver in einer Schüssel mischen.

4 Die Mischung über die Eiermasse sieben.

5 Sorgfältig glatt rühren. Falls Mehlklümpchen zurückbleiben, die Masse mit dem Stabmixer glätten.

6 Das Olivenöl dazugießen und mit dem Schneebesen unterrühren.

7 Das ist die gewünschte Konsistenz.

8 Die zerlassene Butter untermengen.

9 Zitronenabrieb und -saft einarbeiten.

10 Für die Madeleines einen Einwegspritzbeutel mit der Hälfte der Masse füllen. Die Beutelspitze abschneiden und die Masse in die Form für kleine Halbkugeln dressieren. 10–12 Minuten backen.

11 So sehen die gebackenen Halbkugeln aus. Mit etwas Zitronensaft tränken.

12 Die restliche Masse in die Mulden der Savarinform spritzen. 10–12 Minuten backen.

13 So sehen die gebackenen Savarins aus.

④ ZITRONENMOUSSE

Die Gelatine einige Minuten in Eiswasser einweichen. Ausdrücken und in den Zitronensaft geben. Im Wasserbad unter Rühren erhitzen, bis die Gelatine aufgelöst ist. Die Sahne steif schlagen.

1 Den Zitronenabrieb unter die abgekühlte Zitronencreme rühren.

2 Die lauwarme Zitronen-Gelatine-Mischung einrühren. Die Creme soll eine Temperatur von 20–25 °C haben (gegebenenfalls im Wasserbad leicht erwärmen).

3 Die geschlagene Sahne mit einem Teigschaber sorgfältig unterheben. Die Mousse bei Raumtemperatur beiseitestellen.

⑤ AUFBAU

1 Von den Madeleines den »Buckel« abschneiden und beiseitelegen. Die Madeleines in den unteren Teil der Kugelform legen.

2 Mithilfe eines Pinsels mit Zitronensaft tränken.

3 Etwas Zitronenmousse auf den Boden der Mulden spritzen und die Madeleines daraufsetzen. Leicht andrücken.

4 Jeweils eine Portion der Fruchtfüllung auf die Madeleines setzen.

5 Mit den abgeschnittenen »Buckeln« abdecken.

6 Die Abdeckung auf die Form legen.

7 Zitronenmousse in die Öffnungen der Abdeckung spritzen.

Die Form für mindestens 2 Stunden ins Gefrierfach stellen.

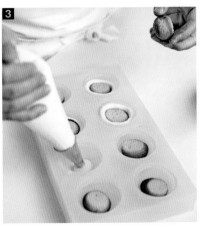

⑥ FERTIGSTELLUNG

Nach dem Rezept Seite 34 die gelbe Glasur zubereiten. Aus der weißen Kuvertüre Schokoladenblätter herstellen, dabei vorgehen wie auf Seite 194, Schritte 11 und 12.

Von der Zitronenschale feine Streifen abziehen. Mit dem Zucker in das kochende Wasser geben und 5 Minuten köcheln lassen. Beiseitestellen.

1 Die Unterseite der Savarins mit einer Reibe glätten, damit sie einen sicheren Stand haben.

2 Etwas Marmelade in die Mitte der Savarins geben.

3 Das ist das gewünschte Ergebnis. Für den weiteren Aufbau in einer Reihe nebeneinanderlegen.

4 Die gefrorenen Kugeln aus der Form lösen und zurück in die Mulden legen.

5 Die gefrorenen Kugeln mit einem Messer aufspießen (vorzugsweise auf der Gebäckseite), dabei die Klinge nicht zu tief hineinstechen, damit sie sich problemlos wieder herausziehen lässt.

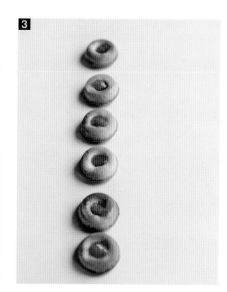

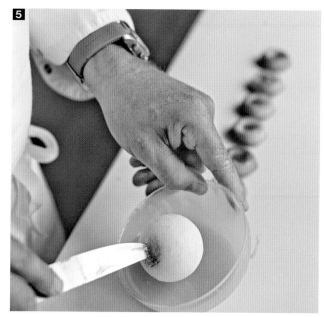

6 Die gefrorenen Kugeln in die Glasur tauchen, dabei rasch hin und her drehen.

7 Die glasierten Kugeln auf die Savarins setzen. Dabei mit einem zweiten Messer abstützen und die Klinge vorsichtig herausziehen. Die Glasur im Kühlschrank 30 Minuten fest werden lassen.

8 Die Kugeln jeweils mit einigen weißen Schokoladen blättern und einem Streifen kandierte Zitronenschale dekorieren.

9 Überschüssige Glasur am unteren Rand mit einen leicht angefeuchteten Pinsel entfernen.

10 So sehen die fertigen Törtchen aus.

ANHANG

REZEPT

REGISTER

ZUTATEN REGISTER

DER WORKSHOP
VON A–Z

BEZUGSQUELLEN & ADRESSEN

FORMEN UND DEKOMATERIAL

Artgato
5, avenue docteur Arnold Netter
F–75012 Paris
Tel. +33 1 44 73 93 13
www.artgato.com
Dessertringe und Silikonformen

PCB CRÉATION
1, rue de Hollande – BP 67 | NL–67230 Benfeld
www.pcb-creation.com
Hier bestellen die Profis unter anderem ihr
Firmenlogo auf Schokolade.

SENS GOURMET
www.sens-gourmet.com
Hat unter anderem die Kugelform für das
Yellow-Törtchen im Programm.

UNIPATIS
ZA Tessy, Terres d'Entreprises
15, la Campagne | F–50420 Domjean
Tel. +33 2 33 06 00 00
www.unipatis.fr
www.unipatis-selection-felder.fr
Alles für die Patisserie (Speisefarbe, Dekorschnee, Blattgold …)

MEINE PATISSERIE IM ELSASS, MIT CAMILLE LESECQ

Oppé
Ladengeschäft und Café
29, rue du Maréchal Foch | F–67190 Mutzig
Tel. +33 3 88 38 13 21

Oppé
1, rue Mercure | F–67120 Dorlisheim
Tel. +33 3 88 38 52 40

HOTELS IM ELSASS

EtC Hôtel
7, rue de la Chaîne | F–67000 Strasbourg
Tel. +33 3 88 32 66 60
www.etc-hotel.com

Hôtel Suisse
2-4, rue de la Râpe | F–67000 Strasbourg
Tel. +33 3 88 35 22 11
www.hotel-suisse.com

Kléber Hôtel
29, place Kléber | F–67000 Strasbourg
Tel. +33 3 88 32 09 53
www.hotel-kleber.com

Le Gouverneur Hôtel
13, rue de Sélestat | F- 67210 Obernai
Tel. +33 3 88 95 63 72
www.hotellegouverneur.com

MEINE PATISSERIEKURSE

Strasbourg
Studio Christophe Felder
Hôtel Suisse | 2–4, rue de la Râpe
Tel. +33 3 88 35 22 11

Paris
La Maison des Ateliers du Jardin
Jardin d'acclimatation – Bois de Boulogne
Tel. +33 3 88 35 22 11

Internet
www.christophe-felder.com

E-Mail
christophefelder@wanadoo.fr